Portada: Un niño monje budista

Guardas: Las bodas del dios hindú Rama y sus tres hermanos
representadas en una pintura del siglo XVIII

Página opuesta: Niños naga rezando. El 90% de las tribus
naga del nordeste de la India son cristianas.
El 10% restante practica religiones locales.

Páginas siguientes: Niños budistas participando en la festividad de Poi
Sang Long en Bang Moo, Tailandia. El Poi Sang Long es una ceremonia en
la que se ordena como monjes novicios a los niños entre los 7 y 14 años.
El primer día de la ceremonia, que aparece aquí, los niños lucen sus
mejores galas en señal de la vida mundana a la que van a renunciar.

USBORNE

RELIGIONES DEL MUNDO

CON LINKS DE INTERNET

USBORNE

RELIGIONES DEL MUNDO
CON LINKS DE INTERNET

Kirsteen Rogers y Clare Hickman

Diseño: Karen Tomlins, Nicky Wainwright, Leonard Le Rolland,
Adam Constantine y Joanne Kirkby

Manipulación digital: Joanne Kirkby
Ilustraciones: Leonard Le Rolland
Mapas: Verinder Bhachu

Diseño de la cubierta: Zöe Wray y Stephen Wright

Asesora: Doctora Wendy Dossett
Ayudante de redacción: Valerie Modd

Traducción: Sonia Tapia
Redacción en español: Pilar Dunster y Anna Sánchez

Con la colaboración de: Unión baptista de Gran Bretaña; Bharatiya Vidya Bhavan (Instituto de arte y cultura hindú); Junta de diputados de los judíos británicos; Asociación humanista de Gran Bretaña; Asociación taoísta de Gran Bretaña; Iglesia de Escocia; profesor Peter Clarke; *The Congregacionalist*; Primera Iglesia de Cristo; profesor Gavin Flood; Asamblea general de las Iglesias Unitaria y Libre Cristiana; Conferencia general de adventistas del séptimo día; Stephen Hodge; Fundación sintoísta internacional; doctor Will Johnson; Centro menonita de Londres; Iglesia metodista de Gran Bretaña; doctora Anne Millard; Fundación para la educación musulmana; Colegio teológico nazareno de Manchester; Asociación cuáquera; rabino Danny Rich; Ejército de Salvación del Reino Unido; Indarjit Singh OBE, JP; Jan Thompson (consejero de educación religiosa); Centro bahai nacional; Departamento de asuntos públicos de la Iglesia de Jesucristo de los santos del último día; Iglesia unida internacional de Pentecostés; Iglesia unida reformada; doctora Maya Warrier; Sociedad de testigos de Jehová de Gran Bretaña; Escuela internacional de la Biblia; Organización mundial de Zoroastro; pastora Eva Wunderlich; doctor Xinzhong Yao.

Dirección de diseño: Ruth Russell
Dirección editorial: Judy Tatchell

LINKS DE INTERNET

En el libro se sugieren páginas Web donde podrás encontrar información adicional sobre las religiones. Para conseguir acceso a estas páginas, visita nuestro sitio Web: www.usborne-quicklinks.com/es y elige este libro. A continuación, haz clic en los links para enlazar a las páginas Web.

Seguridad en Internet

Cuando navegues en Internet, sigue estas recomendaciones:

- Pide permiso a tus padres o a tus profesores antes de conectarte.

- Si escribes un mensaje en un libro de invitados o en un tablón de anuncios de la Web, no debes dar tu nombre completo, dirección ni teléfono. Pregunta a una persona mayor si puedes pasar tu dirección de correo electrónico.

- Si un sitio Web solicita que escribas tu nombre o tu dirección de correo electrónico (para registrarte o para identificarte), primero pide permiso a una persona mayor.

- No contestes si recibes un mensaje electrónico enviado por alguien a quien no conoces. Enséñaselo a una persona mayor.

- No debes quedar en encontrarte con alguien que se ha comunicado contigo a través de Internet.

A los padres y supervisores

Usborne Publishing revisa con regularidad todas las páginas Web descritas en el libro y actualiza los enlaces del sitio Quicklinks. No obstante, Usborne no se hace responsable de posibles cambios en los contenidos de los sitios Web ajenos a su competencia.

Se recomienda supervisión adulta cuando los niños utilicen Internet y evitar que participen en chats. Es aconsejable instalar un programa filtro para bloquear todo material inapropiado. Asímismo, se debe comprobar que los niños siguen los consejos que figuran en el apartado Seguridad en Internet (a la izquierda). Más información en el botón **Guía de Internet** del sitio Quicklinks.

No es esencial tener acceso a Internet. El libro por sí solo es un manual muy completo de referencia y divulgación.

Disponibilidad de sitios Web

Aunque los enlaces de Quicklinks se revisan a menudo, cabe la posibilidad de que aparezca un aviso en pantalla indicando que alguna página no está disponible. En este caso, vuelve a probar más tarde o al día siguiente, ya que puede tratarse de un problema transitorio. Cuando algún sitio Web deja de existir, lo sustituimos –si es posible– con otro similar. Siempre encontrarás una lista de enlaces actualizada en Usborne Quicklinks.

Equipo

Puedes acceder a la mayoría de las Web que recomendamos en este libro a través de un ordenador personal provisto de navegador (el programa que te permite ver la información de Internet).

Algunas páginas requieren programas adicionales (plug-ins) para escuchar sonidos o ver animaciones y vídeos. Si vas a una página y no tienes el plug-in necesario, aparece un aviso en pantalla, que suele ofrecer una opción para descargar el plug-in de Internet. Otra posibilidad es ir a Quicklinks y hacer clic en **Guía de Internet**, donde encontrarás links a sitios para descargarlos.

Páginas Web de religión

Las páginas Web recomendadas han sido escritas por personas de creencias muy diversas y te enseñarán muchos aspectos fascinantes de las religiones.

Algunas creencias y puntos de vista serán muy diferentes de los tuyos, porque la selección de sitios Web pretende presentar un amplio abanico de ideas y maneras de pensar, en vez de promover una sola religión o un solo punto de vista.

www.usborne-quicklinks.com/es

Visita Usborne Quicklinks para acceder directamente a todas las páginas Web recomendadas en este libro.

ÍNDICE DE MATERIAS

Fechas y abreviaturas

Estarás acostumbrado a ver las abreviaturas a.C. y d.C. junto a las fechas. La primera, a.C., significa 'antes de Cristo', y d.C., 'después de Cristo'. Ambas se refieren al nacimiento de Jesucristo. En este libro se utilizan las abreviaturas a.E.C. (en lugar de a.C.), y E.C. (en lugar de d.C.), porque son aceptables para todas las religiones. La primera, a.E.C., significa 'antes de la Era Común', y E.C., 'Era Común'. Cuando una fecha aparezca sin ninguna abreviatura, se considera que es E.C.

Algunas fechas de los primeros tiempos de la historia de las religiones no se conocen con exactitud. En el libro van precedidas por la letra 'c', del latín *circa*, que significa 'hacia, alrededor de'. El periodo histórico conocido como Edad Media suele situarse entre los años 1000 y 1500 E.C.

Número de fieles

El número de fieles que figura en este libro para cada una de las religiones es aproximado, por lo que es posible que encuentres cifras distintas en Internet o en otros libros.

Las cifras varían porque hay gente que no desea pertenecer oficialmente a la religión que profesa; también hay quien adopta la religión de su país o la de sus padres, pero no la practica; y en algunos lugares del mundo, como China y Japón, la población tiene más de una religión. Como las religiones suelen competir por atraer más fieles, también es posible que las autoridades religiosas magnifiquen el número real de sus fieles.

¿QUÉ ES LA RELIGIÓN?

A lo largo de la historia, los seres humanos se han preguntado de dónde surgió el mundo, quiénes somos y cuál es el sentido de la vida. Las distintas culturas han propuesto diversas respuestas. Para algunas, la vida es algo más que el mundo físico; otras creen que si vivimos según unas determinadas reglas, nos será posible encontrar las respuestas fundamentales. Mucha gente llama a estas respuestas " la Verdad", "el Absoluto", o "la Realidad Última".

Mucha gente cree que la oración nos acerca a un poder supremo que existe más allá del mundo visible. Esta joven reza durante una ceremonia religiosa en un templo de Bali, Indonesia.

Una dimensión espiritual

Se considera que la realidad suprema es espiritual, no física. Es difícil hablar de ella porque, a diferencia de muchos hechos científicos, no puede ser conocida por los métodos habituales.

Los creyentes dirían que aunque es imposible describir el espíritu, su presencia puede sentirse y que el mundo espiritual es lo que da su esencia y su carácter a todas las cosas. En la antigüedad, el espíritu solía describirse como la chispa o el aliento que da vida. Todo lo que nos ayuda a acercarnos al mundo espiritual se considera sagrado y se trata con gran respeto.

Para los nativos de Norteamérica, las esculturas como ésta, talladas en postes de madera, eran sagradas. Representan animales protectores (tótems).

La religión

La palabra 'religión' viene del latín *religio*, que significa 'deber'. Muchas religiones o doctrinas cuentan con una serie de reglas o preceptos que los fieles deben seguir. En algunos idiomas, por ejemplo en las lenguas hindúes, durante mucho tiempo no existió el término religión porque ésta formaba parte de la vida cotidiana hasta tal punto que no necesitaba una palabra especial.

Hoy en día es difícil encontrar una definición de la palabra 'religión' que sea aceptable para todos. Sin embargo existen algunas ideas que son comunes a muchas religiones.

Un poder supremo

Por lo general, aunque no siempre, la religión implica respetar o adorar a un poder superior e invisible que ha creado el mundo y lo supervisa. Este poder se llama a veces lo Absoluto. En algunas religiones lo Absoluto es sinónimo de Dios o está representado por muchas deidades, ya sean dioses o diosas. El hombre pide ayuda y guía a Dios o a las deidades. Algunas religiones, como el budismo, no creen en un dios creador, sino que enseñan a superar el sufrimiento.

Casi todas las religiones sostienen que el poder supremo no puede describirse y por tanto no lo representan en imágenes. Los judíos consideran el nombre de Dios como algo tan sagrado que ni siquiera lo pronuncian en voz alta, y lo escriben en hebreo con cuatro consonantes: YHWH.

Los lugares elevados suelen ser significativos en la religión. Es como si estos sitios alcanzaran el mundo espiritual, más allá del mundo físico. Esta estatua de Jesucristo se encuentra en la cima del monte Corcovado, en Brasil.

El alma

En muchas religiones existe la creencia de que el hombre, y en algunos casos los animales, tienen una especie de chispa interior, separada del cuerpo y la mente, que corresponde a lo espiritual. Suele llamarse el alma. Se considera la parte más importante de una persona, porque puede servir de guía hacia lo Absoluto. Muchas religiones enseñan que el alma es inmortal, es decir, que nunca muere.

Las grandes cuestiones

Las religiones se plantean ciertas cuestiones a las que intentan encontrar respuesta: ¿Por qué se creó el mundo? ¿Cómo debemos vivir? ¿Por qué existe tanto sufrimiento? ¿Qué pasa después de la muerte? Ninguna respuesta a estas preguntas puede ser racionalizada o demostrada: sólo se puede tener fe en ellas. Otra palabra para religión es fe.

Las religiones reconocen que ni el mundo ni el hombre son perfectos y que ambos son causa de sufrimiento. Según muchas religiones, si el hombre tuviera fe y siguiera correctamente las enseñanzas religiosas, su vida cambiaría, ya que así lograría unirse a lo Absoluto y quedar libre de sufrimiento. Esto suele llamarse salvación o liberación.

┌─LINK DE INTERNET─
• En **www.usborne-quicklinks.com/es** tienes un enlace a una página Web de geografía sagrada donde encontrarás información y fotografías sobre los lugares considerados sagrados por las distintas religiones.

El culto

El culto es la demostración de respeto y devoción a una deidad. Los creyentes se reúnen para expresar los sentimientos de agradecimiento, admiración y alegría que comparten. Las ceremonias que celebran se llaman oficios religiosos y suelen incluir actos prescritos, llamados ritos. Los creyentes demuestran su fe a través del culto.

Los musulmanes se lavan antes del culto, en señal de respeto a Dios.

Aunque los cultos sean distintos, pueden tener algunos ritos en común, como el acto de cubrirse la cabeza en señal de modestia y de arrodillarse o inclinarse para mostrar respeto a la divinidad. En algunas religiones originarias de países calurosos, los creyentes también se lavan y se descalzan antes de rendir culto.

Oración y meditación

La oración suele consistir en alabanzas y agradecimientos o en la petición de ayuda y guía para uno mismo o para otras personas. A través de la oración se puede crear una relación especial con la deidad. Otra forma de oración es la meditación, cuyo objetivo es lograr paz interior y eliminar los obstáculos que impiden el conocimiento espiritual.

Los creyentes de distintas religiones rezan de distintas maneras. Hay oraciones que se dicen en voz alta, mientras que otras se susurran o se piensan en silencio. En algunas religiones se muestra respeto a la deidad arrodillándose o inclinándose, pero en otras se considera más respetuoso rezar de pie, y también hay quien reza con los ojos cerrados y las manos juntas. En muchas religiones los fieles utilizan objetos como cuentas, velas o incienso para concentrarse mejor mientras rezan o meditan.

En muchas religiones los creyentes se reúnen para rezar. Esta imagen muestra un gran número de mujeres musulmanas rezando en Cirebon, Java.

Las escrituras

A los textos religiosos se les suele llamar escrituras. Los creyentes las tratan con gran respeto, sobre todo si creen que han sido dictadas por la divinidad. La comunicación directa de Dios a los hombres se llama revelación.

Según la creencia musulmana el *Corán*, libro sagrado del Islam, fue revelado por Dios y debe ser tratado con gran respeto. Se coloca en un atril como el de la ilustración para leerlo.

Algunos creyentes piensan que los textos sagrados de su religión contienen revelaciones divinas que son verdades absolutas. A estas personas se las suele llamar conservadoras, tradicionalistas o fundamentalistas.

Otros piensan que aunque los textos hayan sido inspirados por Dios, para interpretarlos hay que tener en cuenta las condiciones sociales de la época en que se escribieron y el punto de vista y la personalidad de los autores. A estos creyentes se les suele llamar liberales o modernistas.

Objetos sagrados

Las religiones destinan al culto un lugar especial, que puede ser un simple altar en una casa o un templo público magnífico. Tanto el lugar como los objetos especiales que se utilizan durante el culto religioso se consideran sagrados y se tratan con gran respeto.

En algunas religiones, como el hinduismo, se considera que sólo lo mejor es digno de los dioses y además se intenta inspirar a los fieles con la belleza de los templos y los objetos ceremoniales. Por esto, tanto los templos como los objetos sagrados se encargan a grandes artistas y se realizan en los mejores materiales. Ahora bien, en otras religiones se considera que el lujo y los adornos distraen la atención de los creyentes. Por ejemplo, el interior de las mezquitas, destinadas al culto musulmán, es muy austero.

El diseño arquitectónico y la decoración de la catedral de San Basilio, en Moscú, pretendían inspirar a los cristianos a adorar a Dios.

El Año Nuevo chino cae a finales del invierno y da la bienvenida a la primavera con ruidosas procesiones y danzas para ahuyentar a los espíritus malignos. Estos hombres participan en una procesión con la imagen de un dragón que simboliza la buena suerte para el nuevo año.

Festividades

Las festividades religiosas suelen celebrar acontecimientos especiales en la historia de una religión, como el nacimiento o la muerte de un líder; así como acontecimientos importantes de la naturaleza, por ejemplo la primavera o la época de la cosecha. Estas fiestas son recordatorios de la fe y unen a los fieles para dar gracias por las cosas que se consideran valiosas.

Sacerdotes

Muchas religiones cuentan con sacerdotes. Son personas que cumplen tareas públicas, como dirigir actos de culto. También intentan guiar a la gente hacia el mundo espiritual y en algunas religiones son una especie de intermediarios entre el hombre y la deidad.

En el hinduismo, sólo pueden ser sacerdotes los hombres nacidos en una determinada clase social. Los cristianos no se ponen de acuerdo sobre la posibilidad de que las mujeres sean sacerdotes: los tradicionalistas sostienen que, según la *Biblia*, los sacerdotes tienen que ser hombres, mientras que los liberales interpretan que también pueden ser mujeres.

LINK DE INTERNET

• En www.usborne-quicklinks.com/es hay un enlace a la página bahai de México, donde encontrarás datos sobre varias religiones, con citas de sus textos sagrados y la vida de sus profetas.

Lugares sagrados

Se considera que algunos lugares tienen una cualidad espiritual, normalmente porque en ellos ocurrió algún suceso religioso importante, y hay creyentes que intentan visitarlos por lo menos una vez en la vida. Por ejemplo, Jerusalén, en Israel, es sagrada para los judíos, los cristianos y los musulmanes, aunque por distintas razones históricas.

El viaje a un lugar sagrado se llama peregrinación. Si el viaje es difícil, se cree que fortalece la fe del peregrino.

Ritos de pasaje

En las religiones suelen existir ceremonias especiales, a veces llamadas ritos de pasaje, para celebrar las etapas clave de la vida: el nacimiento, la pubertad, el matrimonio y la muerte. Estos ritos invitan a los creyentes a reflexionar sobre el sentido y el propósito de la vida y les ayudan en épocas de cambio. Quienes participan confían en recibir la bendición del poder supremo.

La ciudad de Jerusalén, en Israel, es importante para los musulmanes y los judíos. El edificio de la fotografía es un santuario musulmán llamado la Cúpula de la Roca. La pared en la parte baja es el Muro de las Lamentaciones, lo único que queda de un antiguo templo judío. Ambos son grandes lugares de peregrinación.

Monjes y monjas

En muchas religiones hay grupos de personas que rigen sus vidas mediante distintos sistemas de reglas estrictas. Los monjes viven en monasterios, separados del resto de la sociedad. Las monjas viven en conventos.

Muchas monjas cristianas llevan un hábito sencillo y se cubren el pelo para evitar la vanidad y concentrarse en Dios.

Los monjes y monjas budistas llevan túnicas de color azafrán y un cuenco de mendigo. La gente de la localidad les da comida. La acción de dar es muy importante en el budismo.

Los monjes jainistas de la India creen en la no violencia. Este monje barre el suelo para no pisar a ningún ser vivo y lleva una mascarilla para no aspirarlos con su aliento.

Los monjes y monjas intentan llevar una vida sencilla y austera, no se casan y casi nunca tienen un trabajo normal. Por lo general no se les permite manejar dinero. Algunos dedican su vida a rezar, meditar y estudiar las escrituras; otros realizan tareas benéficas. Suelen llevar ropas modestas y sin adornos, para evitar la vanidad y para resaltar el hecho de que todos somos iguales.

Funciones de la religión

Las personas religiosas piensan que sus creencias son verdaderas. Los expertos sostienen que, sean verdad o no, las religiones cumplen muchas funciones en la sociedad.

Parece ser que antiguamente se buscaba en las religiones la explicación de muchos fenómenos que no se comprendían, como el clima o las estaciones. Ahora tenemos interpretaciones científicas, pero mucha gente mantiene que la religión puede convivir con la ciencia.

Los antiguos griegos creían que el rayo era provocado por la cólera del dios Zeus.

Los antropólogos, que estudian cómo vivía el hombre en grupos sociales, consideran que la religión era una fuerza que mantenía unidas a las comunidades y que ofrecía a sus miembros una serie de reglas para convivir y para comprender el mundo.

Los psicólogos han observado que la religión reduce los temores en las personas porque les ofrece un apoyo externo. Esto se podría interpretar como una forma sana de aceptar un mundo difícil o como una falta de confianza en la capacidad del ser humano.

Otros puntos de vista

No todo el mundo tiene una fe religiosa. Casi todos los que carecen de religión creen que, aun sin ella, es posible vivir una vida plena y honrada.

A quienes niegan la existencia de un poder sobrenatural se les llama ateos y a quienes piensan que es imposible demostrar si Dios existe o no, porque no hay pruebas ni a favor ni en contra, se les llama agnósticos. Para estas personas no tiene sentido vivir una vida basada en ideas indemostrables.

Muchas personas piensan que el ser humano posee capacidad para desarrollar sus cualidades y construir un mundo más justo y humanitario. A estas personas se les llama humanistas.

Los humanistas no creen en la existencia de ninguna otra vida. Proponen que deberíamos vivir la única vida que tenemos de la manera más plena y feliz posible y, mediante nuestros actos, ayudar a los demás a hacer lo mismo. Según los humanistas, cada persona y situación merece ser juzgada según sus propios méritos y las circunstancias individuales, en vez de aplicar un sistema rígido de normas religiosas.

Esta imagen representa un modelo de cadena de ADN, la sustancia que determina cómo crecen y se desarrollan todos los seres vivos. Desde el descubrimiento del ADN, a mediados del siglo XX, se sabe mucho más sobre la reproducción de los seres vivos. A pesar de todo, mucha gente piensa que la creación de una nueva vida es un milagro.

El futuro de la religión

Hay quien piensa que en los países más ricos y desarrollados del mundo la religión ha perdido importancia, porque estas sociedades están cada vez más obsesionadas con el dinero y las posesiones materiales y han abandonado muchos de sus ideales religiosos.

Sin embargo, si consideramos la totalidad del mundo, las religiones continúan creciendo. Algunos expertos predicen que nos apartaremos de nuestro enfoque materialista actual y volveremos a los valores más espirituales de la religión.

LINK DE INTERNET
• En www.usborne-quicklinks.com/es tienes un enlace que describe la Cúpula de la Roca, un edificio religioso del Islam en Jerusalén. Para ver la huella del profeta, amplía la Figura 3.

EL HINDUISMO

El hinduismo, que se remonta al menos al 2000 a.E.C., es una de las religiones vivas más antiguas del mundo. Se originó principalmente en la India y Nepal, donde todavía prospera. Los hindúes no llaman 'hinduismo' a su religión, sino *sanatana dharma*, que significa 'enseñanza eterna' o 'ley eterna'. En el mundo existen 750 millones de hindúes.

La mujer hindú de la fotografía se está bañando y rezando en el río Ganges de la India. Ha llenado su vasija con agua del río, que los hindúes consideran sagrada. Como ofrenda a los dioses se han esparcido en la superficie pétalos de flores.

Los orígenes

El hinduismo tiene sus raíces en la civilización del valle del Indo, una antigua cultura que floreció entre los años 3500 y 1500 a.E.C. Algunos expertos consideran que se extinguió cuando llegó a la India la tribu nómada de los arios. El hinduismo se desarrolló a partir de las ideas religiosas de estos dos pueblos.

Este mapa muestra la ruta de los arios cuando llegaron a la India.

Lo que se sabe de los arios proviene principalmente de una colección de himnos llamados *Vedas*. Lo que conocemos de la religión de los pueblos del valle del Indo proviene de los descubrimientos realizados en Harappa y Mohenjo-Daro.

Los hallazgos arqueológicos, como esta estatua de un rey sacerdote encontrada en Mohenjo-Daro, son pistas muy valiosas sobre la religión de los pueblos del valle del Indo.

Una religión variada

El hinduismo, que se desarrolló poco a poco durante un largo período de tiempo, no fue fundado por una sola persona. Por esto es una religión muy variada, como demuestra la siguiente historia.

Una 'bestia misteriosa' (en realidad un elefante) llegó al país de los ciegos. El rey envió a sus cortesanos para averiguar lo que era.

"La bestia es como una pared", aseguró uno, acariciando el costado.

"Yo creo que es como una lanza", comentó otro, tocando un colmillo.

"A mí me parece un abanico", dijo un tercero, explorando la oreja.

"Es como un árbol", afirmó el hombre que le tocaba la pata.

"No, es como una serpiente", le corrigió otro hombre, que tocaba la trompa.

"Pues a mí me parece una cuerda", concluyó el último, tirando de la cola.

Todos tenían razón, pero sólo en parte; estaban contando una fracción de la verdad completa. El hinduismo, como el elefante, también está compuesto de diferentes partes, pero para muchos hindúes debajo de toda esta variedad existe una realidad inmutable que se llama Brahman.

En el culto hindú se utilizan dibujos complejos, como éste, que atraen la vista hacia el centro, símbolo de Brahman.

Brahman

Brahman significa la realidad inmutable y suprema que existe más allá del mundo cambiante de las apariencias.

Según la leyenda, un hombre muy sabio primero pidió a su hijo que echara sal en el agua y después que la volviera a sacar. Por supuesto, la sal se disolvió y el chico no pudo apartarla. Entonces, su padre le explicó que la presencia de Brahman en el mundo es como la sal en el agua: es invisible, pero esta en todas partes.

Éste es el símbolo sagrado del sonido "Om". Hay muchas teorías sobre su significado pero todas llevan a Brahman.

El alma

El hinduismo enseña que todo ser vivo tiene un alma, llamada Atman. Algunos hindúes creen que Atman (el alma individual) es parte de Brahman (el alma universal). Otros hindúes creen que Atman y Brahman son dos cosas diferentes.

LINK DE INTERNET

• En www.usborne-quicklinks.com/es hay un enlace a un artículo sobre el sitio arqueológico de Mohenjo-Daro y los inicios de la civilización del valle del Indo, una de las más antiguas del mundo.

13

Dioses y diosas

En el hinduismo existen miles de dioses cada uno con sus propias características. Los hindúes en los dioses que prefieren adorar y por lo general creen que todas las deidades son aspectos distintos de la misma realidad suprema e inmutable, Brahman.

La trinidad hindú

Hay tres divinidades hindúes –Brahma, Visnú y Siva–, relacionadas con la creación, conservación y destrucción del mundo. En el hinduismo se considera que el ciclo de la creación, la destrucción y la renovación es eterno: no tiene ni principio ni fin.

Brahma (no se debe confundir con Brahman) es el dios creador, Visnú es el protector y Siva el destructor, aunque a Siva también se le considera liberador porque sólo a través de la destrucción es posible una nueva creación. Las tres deidades forman la trinidad del hinduismo o Trimurti, que significa 'tres formas'.

Brahma tiene cuatro cabezas y ve en todas direcciones. En la ilustración principal es la estatua sentada de la izquierda.

Visnú

Visnú, el dios que conserva y protege el universo, ha venido al mundo de los hombres con distintas formas físicas llamadas avatares. Primero vino como Matsya, el pez, y luego como Kurma, la tortuga. En su séptimo y octavo avatar, que fueron Rama y Krishna, Visnú estuvo en la tierra con forma humana.

Varaha, el jabalí, es el tercer avatar de Visnú.

Según el hinduismo, el décimo y último avatar aparecerá al final de nuestra era. Visnú vendrá a la Tierra como Kalki, a lomos de un caballo blanco, para destruir a los malos y restablecer orden.

Muchos templos hindúes están adornados con estatuas de dioses. La escena de la ilustración, del templo Sri Murugan cerca de Hampi, en la India, muestra la boda de Devayanai y Muruga.

Parvati, esposa de Siva

Sarasvati, diosa de las artes y esposa de Brahma

Rama

Rama y su esposa, Sita, representan la pareja ideal. Se les respeta por su pureza de carácter, su amor mutuo y sus elevados valores morales. Una historia cuenta que Sita fue secuestrada por Ravana, el rey demonio de Sri Lanka, pero Rama derrotó a Ravana con la ayuda de Hanuman, el dios mono, y rescató a Sita. Para muchos hindúes, esta victoria representa el triunfo del bien sobre el mal.

El dios Rama. Las historias de Rama y Sita se relatan en un libro llamado *Ramayana*.

Lakshmi, diosa de la riqueza y la belleza, esposa de Visnú

Devayanai, hija de Indra

Krishna

Krishna es tal vez el avatar más popular de Visnú. Las personas que adoran a Krishna se centran en distintos aspectos de su personalidad: algunos destacan su inocencia y encanto de niño, otros sus muchas travesuras cuando de joven cuidaba vacas y su amor puro por una vaquera llamada Radha. También hay quien venera su sabiduría como guerrero y rey.

Krishna suele representarse con la piel azul y tocando la flauta, como en esta ilustración.

Siva

Esta estatua muestra a Siva danzando. El aro de llamas a su alrededor representa la energía del universo y sus criaturas.

Siva, el destructor o liberador, suele representarse con una figura impresionante de cuatro brazos, el pelo enmarañado, una luna en la cabeza y una serpiente enroscada al cuello.

La mano derecha superior de Siva a veces sostiene un tambor con el que acompaña el ritmo de su danza, que es la danza de la liberación y la recreación. Siva tiene un tercer ojo en la frente que simboliza muchas cosas, incluyendo su sabiduría.

LINK DE INTERNET

• En www.usborne-quicklinks.com/es tienes un enlace a un sitio con un amplio índice de contenidos sobre el hinduismo. Puedes hacer clic en el nombre de uno de los dioses o en el de un libro sagrado para aprender más.

Parvati, Durga y Kali

Hay tres diosas que se asocian con Siva: Parvati, Durga y Kali. Parvati es la hermosa y dulce esposa que corresponde al lado compasivo y benévolo de Siva. Durga y sobre todo Kali, son temibles y poderosas y se relacionan con su aspecto destructivo. Durga, la inaccesible, mata demonios con una espada y Kali es la destructora del mal.

Parvati

Indra, dios de la lluvia, las tormentas y la batalla

Muruga, uno de los hijos de Siva y Parvati

Visnú, el dios que sostiene el universo

Siva

Ganesha

Ganesha, hijo de Siva y Parvati, es el dios que elimina los obstáculos. Por eso se le reza cuando se emprende una nueva tarea, por ejemplo al principio de un viaje o en una boda. Se cuenta que Siva decapitó a Ganesha en un ataque de furia, pero más tarde le devolvió la vida dándole una cabeza de elefante.

La estatua con cabeza de elefante es Ganesha. Con sus enormes orejas puede escuchar las oraciones de todos. Su gran barriga representa la riqueza y el éxito.

15

Citas religiosas

Aquí aparecen unas cuantas citas del hinduismo, con el nombre de su autor o las escrituras de las que se han extraído.

Así como se arrojan las ropas gastadas para ponerse otras nuevas, el alma viviente se deshace de los cuerpos gastados para ponerse los nuevos.
Krishna, en el Bhagavad Gita

Guíame de la irrealidad a la realidad, de la oscuridad a la luz, de la muerte a la inmortalidad.
Brihadaranyaka Upanishad

La auténtica felicidad del corazón no puede lograrse sin renunciar a las ideas de 'yo' y 'mío'.
Tulsidas

He llegado ahora a una etapa de conciencia en la que veo que Dios vive en todas las formas humanas y se manifiesta igual en el sabio y el pecador, en el virtuoso y el depravado. Así pues, ante cualquier persona me digo: "Es Dios en la forma del santo, Dios en la forma del pecador, Dios en la forma del justo, Dios en la forma del injusto".
Ramakrishna

La tierra tiene bastante para satisfacer la necesidad de todos, pero no la codicia de todos.
Mahatma Gandhi

Un ciclo eterno

Los hindúes creen que los seres vivos no viven sólo una vez, sino que están atrapados en un ciclo eterno de vida, muerte y renacimiento o reencarnación. Este ciclo, llamado *samsara*, se considera un proceso difícil y sin sentido, por lo que los creyentes esperan quedar liberados de él. Se simboliza con una rueda, conocida como la rueda de la vida. Esta rueda se mueve mediante las acciones, que constituyen el karma.

La rueda de la vida

El karma

El *karma* es el conjunto de actos, tanto buenos como malos, que tienen consecuencias en la vida presente y en las reencarnaciones sucesivas. Las buenas acciones conducen a una forma de vida superior; las malas a una vida de sufrimiento y a la reencarnación como animal o insecto, en vez de como ser humano, siendo más difícil obtener el conocimiento para escapar del *samsara*.

Parte de una ilustración del siglo XVII de un texto sagrado hindú, el *Ramayana*. Muestra al dios mono Hanuman ante Sita, la esposa de Rama.

La liberación

La liberación del ciclo eterno de reencarnaciones y sufrimiento se llama *moksa*. Para conseguirlo hay que esforzarse en sustituir la ignorancia con sabiduría, pero nos lo impide lo que los hindúes llaman *maya* (ilusión o falsedad), como explica la siguiente historia.

Un hombre creyó ver una serpiente dispuesta a atacar en un rincón de su cuarto, y salió corriendo despavorido.

El hombre fue avisando a todo el mundo para que nadie se acercara a la serpiente.

Si hubiera mirado mejor a la 'serpiente', se habría dado cuenta de que no era más que una cuerda inofensiva.

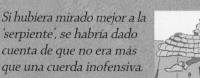

Cuando miramos a nuestro alrededor no nos damos cuenta de cómo es en realidad el mundo más allá de la superficie. Para muchos hindúes la única realidad es Brahman. El resto es ilusión o *maya*.

Escrituras sagradas

Todos los libros sagrados que se mencionan en esta página fueron escritos en sánscrito, la lengua de la antigua India. No se sabe con exactitud cuándo fueron compilados, pero se cree que se escribieron antes de la Era Común, algunos de ellos a lo largo de varios siglos.

"Tú eres eso" en sánscrito, una frase repetida en los *Upanishads*, subraya la armonía entre Atman y Brahman.

Los cuatro *Vedas* se transmitieron oralmente durante siglos antes de ser escritos. El más antiguo y sagrado, el *Rig Veda*, trata una gran variedad de temas e incluye historias de divinidades hindúes.

El *Mahabharata*, con más de 100.000 versos, posiblemente sea el poema más largo que existe. Cuenta la historia de dos linajes de príncipes que guerrean entre sí hasta que uno de ellos acaba siendo destruido.

Los *Upanishads* son discusiones filosóficas que nos enseñan cosas sobre Brahman y las distintas maneras de lograr la *moksa*.

El *Ramayana* cuenta la historia de Rama y Sita (ver página 14). Se cree que su autor fue un hindú llamado Valmiki.

LINK DE INTERNET
• En www.usborne-quicklinks.com/es encontrarás una página con la historia del carro de Manuniti en imágenes.

17

La sociedad

Las escrituras hindúes establecen las pautas de convivencia de los cuatro antiguos grupos sociales en la India, llamados *varnas*. El primer *varna* lo formaban los sacerdotes y maestros, y eran los *brahmanes*. El segundo *varna* eran los gobernantes y soldados, llamados *chatrias*. El tercero incluía a mercaderes y granjeros, que recibían el nombre de *vaisyas*. Los miembros del cuarto *varna* eran los *sudras*, es decir, los obreros manuales.

Hoy en día, en lugar de cuatro *varnas*, existen en la sociedad hindú miles de grupos llamados castas o *jatis*. Todo el mundo pertenece por nacimiento a una casta y aunque las diferencias entre ellas no son tan rígidas como en otros tiempos, aún son importantes para definir el lugar de cada persona en la sociedad.

Etapas de la vida

Las escrituras describen también cuatro etapas de la vida, llamadas *ashramas*: estudiante, padre de familia, eremita y hombre santo. En la última, se rompen los lazos familiares, no se posee nada y se vive de las limosnas. La meta espiritual es lograr el *moksa* y la unión con Brahman.

Estos hombres son *sadhus*: santos errantes hindúes. Han ido como peregrinos a Benarés, en la India, y están sentados en los escalones que llevan al río Ganges.

Aunque los *ashramas* ofrecen un camino hacia esa meta, ya que ayudan a la persona a liberarse de las ataduras materiales, existen más en teoría que en práctica.

El deber

Los hindúes intentan vivir de acuerdo con el *dharma*. El *dharma* es un deber o un modo de comportarse que gobierna la vida de una persona. El *dharma* se determina por la posición de cada uno en la sociedad (*varna*) y por la etapa de la vida que se haya alcanzado (*ashrama*).

Acontecimientos importantes

Las etapas más importantes de la vida hindú, como el nacimiento y la muerte, se celebran con rituales llamados *samskaras*, que tienen lugar ante un fuego sagrado. En total existen dieciséis *samskaras*, tres de los cuales se celebran antes del nacimiento.

El nacimiento

Poco después del nacimiento, se lava al niño hindú y se le escribe en la lengua la palabra "Om" con una pluma de oro mojada en miel. Diez días más tarde se le pone nombre en una ceremonia llamada *namakarana*. Es entonces cuando se le hace la carta astral, que es un mapa que muestra la posición de los planetas y estrellas en el momento de su nacimiento. Este mapa se utiliza más adelante; por ejemplo, para establecer cuál es la mejor fecha para las ceremonias de la mayoría de edad o de la boda.

Horóscopo hindú simplificado del norte de la India. Representa el firmamento dividido en doce secciones o 'casas' que representan aspectos determinados de la vida, como la buena salud o la felicidad. Los hindúes creen que la posición del Sol, la Luna y los planetas en cada 'casa' influye en la vida de la persona.

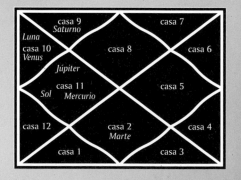

Existen otros *samskaras* que señalan momentos importantes de la niñez, por ejemplo, la primera vez que el recién nacido sale a ver el sol, la primera comida sólida o el primer corte de pelo.

La mayoría de edad

Entre los ocho y los doce años, los varones hindúes participan en la ceremonia del *upanayana*, porque ya se les considera de edad suficiente para aprender más sobre su religión. Aunque antiguamente era la ceremonia de iniciación al estudio de las escrituras en sánscrito, ahora lo normal es que el niño sólo aprenda algunas oraciones.

Un sacerdote bendice un largo cordón de algodón blanco, que pasa por el hombro izquierdo y bajo el brazo derecho del niño. El cordón tiene tres hebras, que recuerdan su deuda ante Dios, sus antepasados y su maestro espiritual; también representan a los dioses Brahma, Visnú y Siva. El niño lleva el cordón sagrado toda su vida.

Bodas hindúes

Por lo general, los padres suelen concertar el matrimonio de sus hijos. La ceremonia de la boda llega a durar doce días y puede celebrarse en cualquier lugar. Aunque la forma exacta puede variar, los novios realizan los mismos rituales guiados por un sacerdote. Hacen promesa de lealtad mutua y de compartir sus posesiones ante un fuego sagrado que representa la divinidad.

El sari rojo de la novia se ata al traje del novio para simbolizar su unión. Luego la pareja camina en torno al fuego entonando himnos y oraciones.

Esta ilustración de un manuscrito indio del siglo XVII muestra los preparativos de una pareja antes de la boda.

La novia pisa tres veces una piedra de moler como señal de que será fuerte y leal a su marido y a la familia de éste. A veces la pareja también da siete pasos en torno al fuego, donde cada paso es un símbolo de un aspecto de su vida en común, como la riqueza o los hijos.

La muerte

Según los hindúes, cuando una persona muere su alma vuelve al mundo con otra forma, es decir, se reencarna. Se cree que morir cerca del río Ganges puede evitar muchas reencarnaciones y por tanto acercar al *moksa*. Si una persona no puede llegar al río para morir, a veces se le da de beber agua del Ganges.

Cuando una persona muere, su cuerpo ya no es necesario y por tanto los hindúes queman los cadáveres. En la India el cuerpo se coloca en un montón de leña y el hijo mayor enciende el fuego. Tres días después se recogen las cenizas y se echan a un río, si es posible al Ganges.

Los hindúes que viven en otros países pueden ser incinerados en un crematorio, en lugar de una hoguera. Es habitual que sus parientes se ocupen de enviar o de llevar sus cenizas a la India para esparcirlas en las aguas sagradas del Ganges.

LINK DE INTERNET

• En **www.usborne-quicklinks.com/es** tienes información sobre el Trimurti hindú, con imágenes de las divinidades y explicación de sus poderes y avatares.

El culto

El culto, llamado *puja*, puede realizarse en un templo
o en casa. Cuando tiene lugar en la casa, la familia se
reúne ante el altar familiar, que suele estar decorado
con imágenes y estatuas de las deidades, como
el que se ve en la ilustración. Los miembros
de la familia encienden una vela y rezan
juntos todos los días ante el altar.

Cada uno elige sus propios dioses,
dependiendo de la educación y de
las preferencias personales. Para
muchos hindúes el culto
a estas deidades ayuda
a concentrar la mente
y los lleva más allá de
los dioses individuales,
hacia una comprensión
de Brahman. Los objetos
del altar se perciben con
los cinco sentidos (vista,
oído, olfato, gusto y tacto),
para que la totalidad de la
persona se entregue al culto.

Al contemplar un *yantra*
o mandala, como éste, la
persona que medita se
concentra en el punto
central de los triángulos
entrelazados. Este punto
significa Brahman.

Una imagen
de la diosa
Lakshmi y una
estatuilla del
dios Krishna
con su flauta.

Las ofrendas de incienso y
flores se colocan delante
de las imágenes en el
altar familiar.

El olor del
incienso llena la
habitación como
recordatorio de
que Brahman
está en todas
partes.

Cuentas de
oración

Velas
llamadas
diyas

Este objeto de metal representa la
palabra sagrada "Om", un símbolo
sonoro o *mantra* de Brahman. El
sonido "Om" se repite una y otra
vez. En ocasiones también se canta.

La campana se toca para
ayudar a la concentración de
la mente durante la oración.

Las ofrendas de comida,
llamadas *prasad*, se colocan en
el altar y la familia las comparte
después de la oración.

Yoga

Muchos hindúes practican el yoga
y la meditación en su búsqueda
del *moksa*. El yoga suele implicar
una disciplina férrea y la
realización de complicados
ejercicios físicos y mentales para
llegar a dominar el cuerpo y la
mente. Las distintas posturas
de yoga se llaman *asanas*.
Existen distintas clases de
yoga, como el *Raja yoga* o
el *Hatha yoga* y cada una
tiene su propio método para
disciplinar la mente y el cuerpo.

En el hinduismo el término 'yoga'
tiene también otro significado: se
refiere a los distintos caminos que
podemos tomar hacia el *moksa* y
la unión con Brahman. Existen tres
caminos, explicados a continuación.

El karma *yoga es la disciplina de
la acción. Podemos cumplir con
nuestro* dharma *esforzándonos
por ayudar a los demás.*

El bhakti *yoga es la disciplina de
la devoción. Significa ofrecer
nuestro amor y nuestras
oraciones a una deidad.*

El jnana *yoga es la disciplina del
conocimiento. Jnana significa
'sabiduría'. Esta clase de yoga
implica estudio y meditación.*

La postura de yoga de
este hombre santo se
llama posición del loto
o *padma asana*.

Templos

No existen reglas estrictas que indiquen cuándo asistir al templo. Muchos hindúes van en determinados días sagrados y festividades o visitan los templos y participan en los rituales cuando ellos quieren.

La mayoría de los templos están dedicados a un dios o una diosa. En la parte más profunda del templo, suele haber un altar o santuario con la estatua de la deidad, llamada *murti*. Durante el culto, los hindúes caminan en torno al santuario en el sentido de las agujas del reloj. Se cree que a través del *darshana*, o contacto visual directo con el *murti*, la persona se comunica con el dios y puede hacerle peticiones o recibir revelaciones espirituales.

Los fieles pueden llevar ofrendas, como fruta y flores. Todos los templos tienen un sacerdote *brahmán*, que coloca las ofrendas ante el dios para que sean bendecidas. Más tarde se devuelven a sus dueños para que así les transmitan la bendición. Los brahmanes hacen a veces, con un polvo rojo, una marca de bendición llamada *tilaka* en la frente de los fieles.

Lugares de peregrinación

Millones de hindúes realizan peregrinaciones (*yatras*) a sus lugares sagrados todos los años. Aunque no están obligados, muchos las hacen para acercarse más al *moksa*. Los lugares de peregrinación están relacionados con dioses o eventos religiosos y entre ellos se cuentan varias ciudades, ríos y montañas.

Los hindúes creen que los templos son el hogar en la Tierra de dioses y diosas, y por tanto muchos de ellos, como éste de la India, están muy decorados.

La peregrinación hindú más sagrada sucede cada 12 años, en la gran fiesta de Kumbh Mela. Millones de peregrinos llegan a la ciudad de Allahabad, a orillas del Ganges, para bañarse en el río con la creencia de que el agua lavará sus pecados. En el 2001 acudieron al Kumbh Mela más de 120 millones de personas, formando la mayor congregación de la historia.

LINK DE INTERNET

• En www.usborne-quicklinks.com/es tienes los enlaces a dos páginas de la BBC donde encontrarás fotografías del festival Kumbh Mela.

El año hindú

El calendario hindú tiene 12 meses lunares, es decir, basados en las fases de la luna. Este calendario se utiliza para calcular las fechas de las fiestas y otros eventos religiosos, así como para hacer las cartas astrales. En la vida cotidiana, los hindúes emplean el mismo calendario que todo el mundo.

Cada año se celebran cientos de fiestas religiosas, la mayoría de ellas relacionadas con sucesos en las vidas de los dioses. Algunas festividades, como el Diwali, se celebran en todo el mundo mientras que otras son locales.

El calendario (imagen):

ENERO · MAGHA · FEBRERO · PHALGUNA · MARZO · CHATRA · ABRIL · VAISHAKHA · MAYO · JYESHTHA · JUNIO · ASHADHA · JULIO · SHRAVANA · AGOSTO · BHADRAPADA · SEPTIEMBRE · ASHVINA · OCTUBRE · KARTIKA · NOVIEMBRE · MARGASHIRA · DICIEMBRE · PUSHYA

Vasanta Panchami: fiesta de Sarasvati y la venida de la primavera

Holi: fiesta de la primavera

Shivarati: fiesta de Siva

Ramanavami: nacimiento de Rama

Hanuman Jayanthi: nacimiento de Hanuman

Rath Yatra: fiesta del Señor Jagannath, uno de los nombres de Krishna

Naga Panchami: fiesta de las serpientes

Janamastami: nacimiento de Krishna

Ganesha Utsav: nacimiento de Ganesha

Dassehra: muerte de Ravana

Navaratri: fiesta de la gran diosa madre Devi

Diwali: fiesta de las luces. Para muchos hindúes el año nuevo empieza esta medianoche.

Este calendario muestra las principales fiestas del año hindú.

En el festival de Gangaur, en el noroeste de Delhi, la gente se reúne para rezar ante las ornamentadas estatuas de Siva y Parvati.

Diwali

Diwali es un fiesta de cinco días que tiene lugar entre octubre y noviembre y en la que se adora a Lakshmi, la diosa de la riqueza y la belleza. La fiesta celebra también ·la vuelta triunfal de Rama después de su exilio, acompañado de su esposa Sita. Diwali marca el comienzo del nuevo año hindú.

Una *diya*

El nombre Diwali viene del sánscrito '*dipavali*', que significa 'luces', y por eso esta fiesta se conoce también como "el festival de las luces". La luz representa el conocimiento y el triunfo del bien sobre el mal. Las casas y los templos se decoran con lamparillas de aceite llamadas *diyas* y se lanzan fuegos artificiales para alejar las tinieblas e iluminar el camino de vuelta a casa para Rama y Sita.

Antes de Diwali las casas se limpian y se decoran para la fiesta, porque se cree que si la casa está bonita y limpia, Lakshmi entrará y bendecirá a sus habitantes. Diwali es momento de estrenar ropa, visitar a la familia e intercambiar tarjetas, regalos y dulces.

En algunos lugares, durante Diwali, se pintan en el suelo, a la puerta de las casas, diseños geométricos llamados *rangoli*.

Holi

Holi marca el comienzo de la primavera y conmemora la muerte de Holika, una mujer malvada que según la leyenda intentó matar a su sobrino por ser seguidor de Krishna. La noche anterior a Holi se encienden enormes hogueras y se queman muñecos de Holika. El día de Holi se recuerdan las travesuras de Krishna y las bromas que gastaba de joven a las vaqueras. Hay procesiones, cantos y bailes, y los participantes se echan agua y tintes unos a otros. En Holi es costumbre ir a ver a la familia y amigos y saludar a todo el mundo.

Shivarati

Shivarati es el festival de Siva. Se celebra en marzo, en luna nueva, que es la noche en la que no se ve la luna. Mucha gente hace ayuno durante todo el día y se pasa la noche en vela rezando a Siva.

Siva

Dassehra

La festividad de Dassehra, entre septiembre y octubre, recuerda la victoria de Rama sobre el gigante Ravana (ver página 14). Mediante danzas y obras de teatro se cuentan momentos clave de la vida de Rama y Sita. Se construyen enormes muñecos de Ravana, rellenos de paja y petardos, y una persona disfrazada de Rama dispara una flecha encendida para prenderlos fuego.

Un muñeco de Ravana

Navaratri

Navaratri es un festival de nueve días entre septiembre y octubre durante el cual se rinde culto a distintos aspectos de la gran diosa madre, Devi. Algunos hindúes ayunan durante los nueve días, o no comen nada más que fruta y lácteos. Otros ayunan sólo el octavo o el noveno día.

En algunas regiones, el octavo o el noveno día son eligidas nueve niñas que representarán distintos aspectos de Devi. Estas niñas son tratadas como diosas: se les lava los pies ceremoniosamente y la gente les hace ofrendas de comida.

LINKS DE INTERNET

• En **www.usborne-quicklinks.com/es** tienes un enlace a una página donde encontrarás información sobre el festival de Navaratri.

• En **www.usborne-quicklinks.com/es** hay un enlace al sitio de la oficina de turismo de la India, con la lista de festivales del calendario hindú.

En Holi los hindúes se arrojan unos a otros agua y tintes en polvo, en memoria de las travesuras de Krishna. En la foto aparecen algunos participantes.

EL JUDAÍSMO

La historia de los judíos se remonta unos 4.000 años, por lo que el judaísmo es la más antigua religión monoteísta, es decir, con la creencia en un solo Dios. Los judíos pertenecen a su fe por nacimiento: tradicionalmente, toda persona nacida de madre judía es de raza judía, tanto si practica la religión como si no. Se calcula que en el mundo existen 15 millones de judíos, de los cuales casi la mitad vive en EEUU, un cuarto en Israel y los demás están diseminados por el globo.

El Muro de las Lamentaciones en Jerusalén es lo que queda de un antiguo templo judío destruido por los romanos en el año 70 E.C. Judíos de todo el mundo acuden a visitar Jerusalén y el Muro. Se colocan delante de él y dicen sus oraciones.

El pueblo elegido

La historia de los judíos comienza con el pueblo hebreo, que vivió en lo que ahora es Oriente Medio. Eran nómadas, es decir, no tenían un hogar permanente, sino que se trasladaban de un sitio a otro.

El hebreo Abraham, considerado el padre del pueblo judío, defendió la creencia principal del judaísmo (la idea de que existe un solo Dios) en una época en la que se rendía culto a muchos dioses. Los judíos creen que Dios hizo un pacto o alianza con Abraham, según el cual, declaró a los hebreos su pueblo elegido y los hebreos se comprometieron a cumplir sus mandamientos.

Las escrituras judías cuentan que Abraham y su anciana esposa Sara deseaban tener hijos. Una noche, Dios dijo a Abraham que tendría tantos descendientes como estrellas hay en el cielo y que vivirían en una tierra propia: la tierra prometida.

Abraham oye la voz de Dios

Poco después nació Isaac, el hijo de Abraham. Isaac fue padre de Jacob, a quien Dios dio el nombre de Israel, y así los descendientes de Abraham se llamaron israelitas. Dios, en su alianza con Abraham, había prometido proteger y guiar a los israelitas, exigiendo a cambio que éstos le obedecieran.

LINK DE INTERNET

• En **www.usborne-quicklinks.com/es** tienes un enlace a una página con la historia del judaísmo, así como varios relatos sobre el pueblo judío.

El éxodo

Alrededor del 1250 a.E.C., los israelitas fueron liberados de su esclavitud en Egipto. Este suceso, conocido como 'el éxodo', es muy importante en la historia del judaísmo. Según las escrituras judías, Dios eligió a un hombre llamado Moisés para que pidiera al faraón de Egipto la libertad de los israelitas. Como el faraón se negó a escucharle, Dios envió diez plagas.

Después de la última plaga, que mató a todos los primogénitos de Egipto, el faraón dejó partir a los israelitas, pero en cuanto emprendieron el viaje, envió tras ellos a su ejército. Cuando los israelitas llegaron al mar Rojo, las aguas se abrieron milagrosamente para dejarlos pasar, pero al llegar el ejército del faraón, las aguas se volvieron a cerrar y todos los soldados perecieron ahogados.

La segunda plaga fue de ranas.

La ley de Dios

Después del éxodo, los israelitas vivieron en el desierto. Durante esta época Dios renovó su alianza con ellos y les dio una serie de reglas: los Diez Mandamientos. Existen 613 leyes judías, pero estas diez son las más conocidas.

Los Diez Mandamientos

1. *Yo soy el Señor tu Dios. Amarás a Dios por encima de todas las cosas.*
2. *No crearás ni adorarás ídolos.*
3. *No tomarás el nombre de Dios en vano.*
4. *Santificarás el Sabbath (día sagrado).*
5. *Honrarás a tu padre y a tu madre.*
6. *No matarás.*
7. *No cometerás adulterio.*
8. *No robarás.*
9. *No dirás falso testimonio ni mentirás.*
10. *No codiciarás los bienes ajenos.*

En esta ilustración bíblica del siglo X aparece el ejército del faraón ahogándose en el mar Rojo, después de que los israelitas lo atravesaran.

El hombre con la vara es Moisés.

La tierra prometida

Unos cuarenta años después del éxodo, cuando los israelitas llegaron a Canaán, Dios les dijo que aquélla era la tierra prometida. Doscientos años más tarde, después de muchas batallas, Canaán se convirtió en un reino israelita. El rey David estableció la capital en Jerusalén alrededor del año 993 a.E.C. El rey Salomón, hijo de David, construyó en Jerusalén un templo (conocido más adelante como el Primer Templo) que se convirtió en el centro principal del culto religioso.

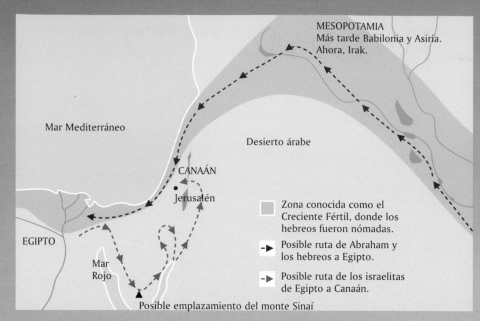

MESOPOTAMIA
Más tarde Babilonia y Asiria. Ahora, Irak.

Mar Mediterráneo

Desierto árabe

CANAÁN
Jerusalén

EGIPTO

Mar Rojo

Posible emplazamiento del monte Sinaí

Zona conocida como el Creciente Fértil, donde los hebreos fueron nómadas.

Posible ruta de Abraham y los hebreos a Egipto.

Posible ruta de los israelitas de Egipto a Canaán.

Zona de Oriente Medio donde vivieron los hebreos y más tarde los israelitas.

Los profetas

Una vez establecidos en Canaán, los israelitas no siempre fueron fieles a las leyes de Dios. Los profetas eran personas que les recordaban su promesa a Dios y advertían de lo que podía pasar si se desobedecían sus mandamientos. Los profetas solían también defender a los pobres y los necesitados, y predicaban que los israelitas tenían que ser más responsables para con los demás por su alianza con Dios.

En este mosaico italiano aparece el profeta Isaías. Se cree que vivió en el siglo VII a.E.C.

Exilio en Babilonia

A partir de mediados del siglo VIII a.E.C. Canaán, que ya se llamaba Israel, fue gobernada por muchos pueblos diferentes, entre ellos los asirios, los babilonios y los romanos. En el 586 a.E.C. los babilonios destruyeron el Primer Templo de Jerusalén y se llevaron a Babilonia muchos prisioneros israelitas. Como Jerusalén estaba en una zona de Israel llamada Judea, a los israelitas exiliados se los llamó judíos.

Exilio en Europa

En el siglo I a.E.C. Israel estaba bajo el dominio de Roma. En el año 70 E.C., después de una revuelta judía, los romanos destruyeron el Segundo Templo de Jerusalén, prohibieron la educación judía y echaron a muchos judíos de Israel. Los exiliados se unieron a otros grupos judíos en torno al Mediterráneo y más adelante se extendieron por Europa central y oriental.

Este movimiento de los judíos por varios países se conoce como 'la diáspora'. Hoy en día se dice que los judíos que no están en Israel viven en la diáspora.

Para preservar su identidad, los judíos decidieron seguir con más exactitud las leyes de Moisés. Por ejemplo, obedecieron con mayor rigidez la santificación de los días sagrados y las reglas sobre la prohibición de ciertos alimentos. Algunas personas no comprendieron estas tradiciones judías, lo cual fue motivo de sospechas y odios.

La era mesiánica

Los judíos siguen esperando que Dios envíe un líder o mesías, que restablecerá el reino judío y dará comienzo a una era de paz llamada la era mesiánica. Los cristianos consideran que ese mesías fue Jesús (ver página 49), pero los judíos creen que todavía está por llegar.

La Edad Media

En los siglos que siguieron a la diáspora, los judíos sufrieron más persecuciones, sobre todo por parte de los gobernantes cristianos. Una causa de su odio era que los judíos no reconocían que Jesús era el mesías.

También se les acusaba de ganar dinero a costa de las deudas de otras personas. Los cristianos tenían prohibido prestar dinero y cobrarlo con interés, de modo que fueron los judíos los que se dedicaron a ese oficio, en parte porque no se les permitía practicar muchas otras profesiones.

En la Edad Media muchos judíos de Europa tenían que llevar ropa especial, como ésta, para diferenciarse de los cristianos.

Durante la Edad Media, después de muchos años de malos tratos, los judíos fueron expulsados de Inglaterra, Francia y España, donde habían prosperado. En los países en los que se les permitió quedarse, como Italia, Alemania y Austria, se les obligaba a vivir en zonas separadas e inferiores conocidas como guetos.

┌─LINK DE INTERNET─────
• En **www.usborne-quicklinks.com/es** tienes un enlace a la página oficial de la casa de Ana Frank, una adolescente judía que tuvo que permanecer escondida durante el holocausto. Conoce su historia y lo que escribió en su diario.

Persecución de los judíos

Esta actitud contra los judíos, llamada antisemitismo, siguió existiendo durante todo el siglo XX y todavía se da en algunos países. Entre 1871 y 1907 los judíos rusos, polacos y lituanos fueron víctimas de matanzas a gran escala, llamadas pogromos. Muchos judíos huyeron a EEUU y algunos fueron a Palestina (es decir, a la tierra de Israel, rebautizada Palestina por los romanos).

Los nazis obligaban a los judíos a llevar la estrella de David.

La peor persecución de los judíos sucedió durante la Segunda Guerra Mundial (1939-1945) y se conoce como "el holocausto". Durante este período seis millones de judíos (más de un tercio de la población judía mundial) fueron encerrados y brutalmente asesinados en los campos de concentración. Los responsables del holocausto fueron los nazis, que gobernaban Alemania bajo el liderazgo de Adolfo Hitler.

El Israel moderno

Durante el siglo XIX los judíos comenzaron a asentarse de nuevo en Palestina y un grupo que se hacía llamar sionista comenzó a luchar para que se declarase allí un estado judío independiente. Después del holocausto, éste estado independiente parecía importante para la supervivencia de los judíos. En 1948 se dividió Palestina y se creó el estado moderno de Israel. Desde entonces se han trasladado allí muchos judíos.

La creación de Israel produjo tensiones con los palestinos no judíos (en su mayoría árabes musulmanes), y hostilidad entre Israel y los países musulmanes vecinos. En la actualidad aún continúan los esfuerzos por encontrar una solución.

Esta escultura en Jerusalén simboliza la agonía y la tortura de los que murieron en el holocausto.

Las escrituras sagradas

El *Tanakh* es una colección de 24 libros dispuestos en tres secciones principales. Los primeros cinco libros forman la *Torá*, que significa 'enseñanzas', y contienen las instrucciones que Dios dio a Moisés. Los otros 19 libros se dividen en el *Neviim* (8 libros) y el *Ketuvim* (11 libros), y contienen historias, poemas, profecías, himnos y refranes.

Aunque parte del contenido del *Tanakh* se transmitió oralmente desde los tiempos de Moisés, se cree que los libros se escribieron, principalmente en lengua hebrea, durante un periodo de 900 años, del 1000 al 100 a.E.C.

Las copias de la *Torá*, para su empleo en las sinagogas, se escriben a mano sobre pergaminos, en lugar de editarse en libros. Este hombre es un *seferim* o escriba, que se dedica a copiar a mano la *Torá*, palabra por palabra.

Según la tradición, Dios dictó la *Torá* a Moisés, pero algunos eruditos modernos creen que su contenido procede de diversas fuentes. Hoy en día la palabra *Torá* suele referirse a todas las enseñanzas judías.

El *Talmud* es otra serie de escrituras que contienen las reflexiones de unos 2.000 rabinos sobre el *Tanakh*. Un rabino, o rabí, es un maestro de la fe judía.

El *Talmud* tiene dos partes: la *Misnah* y la *Gemará*. La *Misnah* es una colección de escritos sobre la ley judía, que incluye leyes sobre el matrimonio y la agricultura. La *Gemará* consiste en comentarios sobre la *Misnah*.

Otra importante colección de escritos es el *Midrash*. La mayor parte de los textos que contiene explican varios aspectos del *Tanakh*.

Dos grupos judíos

Los judíos religiosos se dividen en dos grandes grupos: ortodoxos y no ortodoxos. Las diferencias entre ambos se aprecian no sólo en las prácticas religiosas, sino también en la vida cotidiana.

Este judío ortodoxo enseña a su hijo a prepararse para la oración.

Todas las mañanas los judíos ortodoxos se atan, en torno a la cabeza y en el brazo más cercano al corazón, unas cajitas que contienen oraciones. Las cajas se llaman *tefilin* y esta práctica les recuerda que hay que adorar a Dios con la cabeza y el corazón.

Una de las *tefilin* se lleva en la cabeza.

Además se cubren la cabeza cuando rezan, en señal de respeto. Muchos hombres llevan un sombrero o un bonete llamado *kippah* en todo momento, en señal de que siempre están en presencia de Dios.

Los judíos ortodoxos consideran que la *Torá* y todas sus leyes fueron dictadas por Dios a Moisés y que hay que obedecerlas sin dudar. Los judíos no ortodoxos aceptan que los hombres participaron en la creación de las leyes y por tanto han intentado adaptar el judaísmo a la vida moderna. Estos judíos se denominan también progresistas, liberales, conservadores o reformistas.

El lenguaje

Los judíos siempre han aprendido hebreo antiguo por ser la lengua de los israelitas y para poder leer las oraciones y escrituras en la sinagoga. Sin embargo el hebreo fue una lengua muerta hasta finales del siglo XIX, cuando Eliezer Ben-Yehuda, un judío asentado en Palestina, decidió revivirla. Negándose a hablar ningún otro idioma, Ben-Yehuda comenzó a desarrollar el hebreo moderno, que es un poco diferente del hebreo antiguo y hoy en día es el idioma oficial de Israel.

El yiddish, otro idioma basado en el hebreo, se hablaba entre los judíos de la Europa del Este en siglos pasados, pero hoy en día es casi una lengua muerta, utilizada sólo por el grupo de los judíos jasídicos. La mayoría de los judíos hablan el idioma del país en el que viven.

Citas judías

Aquí tienes unas cuantas citas del judaísmo, con el nombre de su autor o las escrituras de las que están tomadas.

Todo tiene su momento, y cada cosa su tiempo bajo el cielo.

Torá

Ya sea judío o gentil, hombre o mujer, rico o pobre, la presencia de Dios desciende según los actos de la persona.

Talmud

A más riqueza, más preocupación.

Rabino Hillel

Cuando Dios creó al primer hombre, le guió por todo el Jardín del Edén y le dijo: "Mira qué bella es mi obra, es digna de alabanza. Todo lo que he creado ha sido creado para ti. Piensa en esto y no lo corrompas, porque no habrá quien pueda enmendarlo".

Midrash

No limites a un niño a tus propios conocimientos porque él ha nacido en otra época.

Talmud

Quien medita sobre las palabras de la Torá, encuentra siempre nuevos significados en ellas.

Rabino Shlomo ben Yitzchaki

LINK DE INTERNET

• En www.usborne-quicklinks.com/es tienes un enlace a una página con información sobre la *Torá* y links a otros temas del judaísmo.

Los lugares de culto

Los judíos van a la sinagoga para adorar a su Dios, aprender sobre su fe y reunirse con otras personas. Suele ser un edificio rectangular con asientos en tres lados y el cuarto orientado hacia Jerusalén. La palabra sinagoga significa 'lugar de reunión'.

La Gran Sinagoga de Budapest, en Hungría, es la segunda sinagoga más grande del mundo. Además de ser un importante lugar de culto, alberga un museo judío.

El culto judío

Los servicios religiosos no son tan formales como los de otras religiones. El creyente puede sumarse a ellos o marcharse cuando lo desee. También se permite hablar en voz baja.

Esta rabina (maestra de la fe) lee la *Torá* en una sinagoga progresista. Está ayudando a la niña a prepararse para su ceremonia de *bat mitzvah* (ver página 32).

Durante el servicio religioso se lee la *Torá*, se cantan himnos (cantos sagrados) y se recitan oraciones. Lo suele dirigir un rabino, quien a veces predica un sermón sobre un texto del *Tanakh*.

En las sinagogas ortodoxas los hombres se sientan separados de las mujeres. El servicio se celebra en hebreo y las lecturas se cantan sin ningún instrumento musical. En las sinagogas progresistas hombres y mujeres se sientan juntos, parte del servicio se hace en el idioma local y los cantos pueden acompañarse de un órgano. Las ilustraciones siguientes muestran algunos de los objetos que hay en casi todas las sinagogas.

Cuando no se utilizan, los pergaminos de la Torá suelen cubrirse con un paño bordado llamado meil.

Los pergaminos de la Torá se guardan en un arca, en la pared de la sinagoga orientada hacia Jerusalén.

Delante del arca cuelga una luz que representa la eterna presencia de Dios en el mundo.

La estrella de seis puntas es un símbolo judío que suele asociarse con el rey David.

Maestros de la fe

Los maestros de la fe y la ley judía son los rabinos o rabíes. No son sacerdotes porque no actúan como intermediarios entre Dios y el hombre, pero sí que celebran bodas y funerales, dan consejos en materias espirituales y visitan a los enfermos. Las mujeres pueden ser rabíes en las sinagogas no ortodoxas.

La oración

La oración forma una parte muy importante de la fe judía. Las oraciones pueden ser de alabanza a Dios, de agradecimiento, para pedir ayuda o para confesar los pecados.

Existen oraciones formales escritas que tienen que recitarse en determinados momentos. Por ejemplo, ciertas oraciones se pronuncian tres veces al día, otras son para el Sabbath (día sagrado) y otras para diversas festividades o períodos de ayuno.

Antes de ir a dormir por la noche, muchos judíos dicen una importante oración llamada *Shema*. Tradicionalmente es la primera oración que aprenden los niños y la última que se recita antes de morir. Una de las traducciones comienza así: "Escucha, Israel, el Señor es nuestro Dios, el Señor es Único". Aquí puedes ver el comienzo del *Shema* escrito en hebreo.

שמע ישראל

ה׳ אלהינו ה׳ אחד

Las primeras palabras del *Shema*

Existen oraciones escritas para todos los aspectos de la vida —desde para dar comienzo a la jornada, hasta para sobrevivir una tormenta–. Los judíos también deben recitar sus plegarias privadas a lo largo del día.

LINK DE INTERNET

• En **www.usborne-quicklinks.com/es** tienes un enlace que describe el origen y la función de la sinagoga, así como los objetos que guarda destinados al culto judío.

El día sagrado

El Sabbath, el día sagrado para los judíos, comienza al atardecer del viernes y dura hasta el atardecer del sábado. Es un día para descansar y concentrarse en la religión. No se realiza ningún trabajo porque la historia judía de la creación dice que Dios creó el mundo en seis días y el séptimo descansó.

La familia celebra el Sabbath encendiendo y bendiciendo velas. Según la tradición, esto lo hace la mujer de la casa. Los fieles asisten a un oficio en la sinagoga y luego celebran una comida familiar, que se prepara antes de que empiece el Sabbath, con canciones especiales, lecturas y una oración de gracias. El sábado también hay servicios religiosos. El Sabbath termina con una ceremonia en casa.

Los judíos ortodoxos se visten de manera especial para orar. Este rabino lleva un chal de oración llamado *talit*, y dos *tefilin* (cajas negras que contienen textos hebreos), una en la cabeza y otra en el brazo izquierdo.

El hogar

El hogar se considera incluso más importante que la sinagoga para preservar la fe judía. Tanto la familia como la comunidad han ido cobrando una especial relevancia para todos los judíos, debiéndose en parte a las muchas persecuciones que han sufrido a lo largo de la historia.

La madre tiene un papel fundamental en la preservación de la fe. Es la que se encarga de que la familia tome parte activa en el culto, además de ser responsable de los preparativos para las fiestas religiosas, como la Pascua.

Las tiendas *kosher* venden comida que ha sido preparada según las reglas del *Talmud*. En este escaparate hay pergaminos y *matza* (pan sin levadura, también llamado pan ácimo) para la Pascua.

El nacimiento

Cuando el niño judío tiene ocho días de vida, se celebra el Brit Milah, la ceremonia de circuncisión durante la que se le corta una pequeña parte del prepucio. Esta práctica data de la época de Abraham y se considera un símbolo de la alianza entre Abraham y Dios (ver página 25). Además muestra que el niño es un miembro del pueblo judío.

Después de la ceremonia se bendice al niño, se recitan oraciones y se bebe vino. A continuación el pequeño recibe sus nombres. Los niños judíos tienen dos nombres: uno sagrado, casi siempre en hebreo, y otro que suele ser un nombre común, generalmente del país en el que vive.

Casi todos los judíos ponen en la puerta de su casa unas cajas de plástico, metal o madera, llamadas *mezuzah* o *mezuzot*, que contienen textos hebreos de la *Torá* y recuerdan la presencia constante de Dios y sus mandamientos.

Cada vez que un judío ortodoxo atraviesa una puerta con un *mezuzah* (como el que se ve en la ilustración) se besa los dedos y lo toca.

La comida

La comida debe prepararse según las leyes de Dios para hacerla *kosher* (apropiada), sobre todo en los hogares ortodoxos. No se debe comer carne y productos lácteos a la vez, ni prepararlos con los mismos utensilios. El *Torá* prohíbe la carne de cerdo, el marisco y otros alimentos.

Según la tradición, la carne que comen los judíos no debe llevar sangre, porque la sangre dio vida al animal y la consideran sagrada. Los animales son sacrificados siguiendo un método especial para evitar que sufran y para desangrar su carne.

A las niñas judías se las lleva a la sinagoga el primer sábado después de su nacimiento. Durante el servicio se anuncia a la congregación su nombre hebreo y se las bendice. Así es como las niñas ingresan en la fe.

La mayoría de edad

Se considera que a los 13 años el niño es adulto para propósitos religiosos y se le llama *bar mitzvah*, que significa 'hijo de la alianza' o 'hijo del deber'. Este momento se celebra con una ceremonia en la sinagoga seguida de una fiesta. Las sinagogas progresistas ofrecen para las niñas de 12 años una ceremonia equivalente llamada *bat mitzvah* ('hija del deber').

Bodas

Las bodas judías pueden celebrarse en la sinagoga, en casa o al aire libre. Muchas parejas se casan al aire libre para recordar que Dios prometió a Abraham que tendría tantos hijos como estrellas hay en el cielo (ver página 25). La ceremonia varía según sea ortodoxa o progresista.

La boda comienza con el canto de un contrato llamado *Ketubah*, en el que se establecen las responsabilidades del hombre hacia su mujer. La ceremonia principal tiene lugar bajo un *jupá*, un toldo de tela sostenido por cuatro postes que simboliza el hogar que formará la pareja. El rabino bendice el matrimonio con una copa de vino y el novio da a la novia un anillo de oro.

Algunas parejas judías se casan bajo un chal de oración o *tallit*. Esta pareja posa para su foto de boda con un *tallit* sobre la cabeza.

La muerte

Algunos judíos hacen un corte en la ropa que visten en señal de duelo cuando muere alguien de su familia. Los judíos soportan el dolor con la creencia de que Dios comparte su sufrimiento.

Los amigos y parientes colocan junto al muerto una vela especial en un recipiente de cristal, en señal de respeto, y se quedan con el cadáver hasta el entierro o la incineración. Los judíos ortodoxos siempre entierran a sus muertos, pero los progresistas pueden incinerarlos.

Durante la primera semana después de un fallecimiento, algunas familias se abstienen de comer carne y beber vino excepto en el Sabbath y puede que dejen de trabajar y eviten escuchar música. El periodo de luto suele durar un mes y la severidad de los actos rituales se va atenuando poco a poco.

LINK DE INTERNET
• En www.usborne-quicklinks.com/es hay un enlace a una página sobre las leyes judías (*kashrut*) que gobiernan la preparación de los alimentos.

Festividades judías

Existen muchas festividades a lo largo del año, casi todas relacionadas con acontecimientos de la historia del pueblo judío.

El calendario judío está basado en los ciclos de la luna y se emplea para determinar la fecha de las fiestas, aunque en la vida cotidiana utilizan el calendario del país donde viven. Para los judíos el día empieza al atardecer, y dura hasta el ocaso del día siguiente, de modo que todas las fiestas comienzan la víspera por la tarde.

Año nuevo judío

El año judío empieza en el mes de *Tishri* (en torno a septiembre u octubre) y se celebra en todo el mundo con una fiesta de dos días llamada Rosh Hashanah. Los judíos creen que en el primer Rosh Hashanah Dios creó el mundo y al hombre, y que al comienzo de cada año, juzga a cada persona y decide lo que le pasará en el año nuevo.

Este hombre toca un cuerno de carnero o *shofar* en la festividad de Rosh Hashanah con el propósito de 'despertar' a la gente para que se disponga a llevar una vida mejor.

Durante esta fiesta los judíos comen pastelillos de miel y otros dulces que representan su deseo de un buen año nuevo. El Rosh Hashanah da comienzo a un periodo de diez días de expiación durante el que los judíos rezan, dan limosna y piden perdón para intentar influenciar el juicio de Dios y lograr que el año nuevo sea mejor.

Día de expiación

Diez días después de Rosh Hashanah viene el Yom Kippur o día de la Expiación, el más sagrado del año. Durante toda la jornada se celebran servicios religiosos, con lecturas del *Tanakh* y rezos para pedir perdón. En el período entre el Rosh Hashanah y el Yom Kippur también se busca el perdón de las personas a las que se haya ofendido durante el año.

El *Talmud* prohíbe a los judíos hacer ciertas cosas durante el Yom Kippur, con el fin de que se concentren en lo espiritual.

El Yom Kippur *es un día de ayuno. Los judíos adultos sanos no pueden beber ni comer.*

Tampoco se pueden lavar o ponerse perfumes, lociones ni aceites.

El Talmud *prohíbe asimismo llevar cosas de cuero en el* Yom Kippur, *incluidos zapatos o cinturones.*

La Pascua

La Pascua o Pesaj es una festividad de ocho días en marzo o abril que celebra la huida de los israelitas de Egipto. Los judíos creen que, la noche antes de su marcha, el ángel de la muerte enviado por Dios fue matando a todos los primogénitos de Egipto, pero pasó de largo las casas de los israelitas. Dios les había advertido que marcaran sus puertas con sangre de cordero.

Los servicios se celebran en la sinagoga, pero la ceremonia más importante de la Pascua tiene lugar en familia. La casa se limpia a fondo para eliminar hasta el último resto de pan con levadura, porque cuando los israelitas escaparon de Egipto a toda prisa, no hubo tiempo para que el pan se esponjara.

Después de la limpieza se celebra la ceremonia principal o *seder,* que incluye una comida en la que los alimentos tienen un significado especial.

Un puré de manzanas, nueces, vino y canela simboliza los ladrillos y el mortero que utilizaban los israelitas para construir las casas egipcias. Un hueso de cordero asado recuerda lo que sucedió la víspera del éxodo. El sabor amargo de los rábanos picantes representa el sufrimiento de los esclavos, y el agua salada, sus lágrimas. Además hay perejil fresco en señal de la primavera y la nueva vida, y un huevo, símbolo también de la nueva vida.

Muchos judíos peregrinan a Jerusalén para celebrar el Sukkot. Estos peregrinos sostienen un pergamino cubierto de la *Torá* y bendicen las cuatro plantas que simbolizan la cosecha otorgada por Dios: *etrog* (frutal cítrico) y *lulav* (palma datilera, mirto y sauce).

El pan ácimo (sin levadura) o *matza* representa el pan que se llevaron los israelitas la noche de la huida.

El momento más importante de la ceremonia se produce cuando el hijo más pequeño de la familia formula la pregunta ritual: "¿En qué se diferencia esta noche de otras noches?". Como respuesta se lee la historia del éxodo en un libro especial de oraciones, llamado el *Haggadah*.

┌ LINK DE INTERNET ┐
• En www.usborne-quicklinks.com/es tienes un enlace a una página Web donde encontrarás amplia información sobre distintas festividades judías, entre ellas Yom Kippur y Shavuot.

Otras festividades

Shavuot y Sukkot son otras fiestas judías. El Shavuot celebra los diez mandamientos que dio Dios a Moisés, y los judíos se pasan toda la noche estudiando la *Torá.* Durante el festival de Sukkot muchos pasan un tiempo en unas viviendas llamadas *sukkot,* hechas de madera y hojas, en recuerdo de la época en la que los israelitas vagaban por el desierto.

Hanukkah, la fiesta de las luces, se celebra durante ocho días en noviembre o diciembre. Conmemora la consagración en el año 164 a.E.C. del Templo de Jerusalén, que había sido arrasado y profanado por las invasiones griegas. En todos los hogares judíos se enciende un candelabro de nueve brazos con el *shamash,* la vela que se usa para prender las demás. Se prende una la primera noche, dos la segunda, hasta que arden todas sucesivamente.

El huevo, el hueso de cordero y otros alimentos simbólicos que forman parte de la comida tradicional de Pascua suelen presentarse en un plato *seder* como el de la ilustración.

EL BUDISMO

 El budismo nació en la India hace 2.500 años gracias a Sidharta Gautama, el hombre que más tarde sería el Buda, palabra que significa 'el iluminado'. Hoy en día existen más de 500 millones de budistas, la mayoría en países del este de la India, aunque el budismo se ha extendido también a Europa, EEUU, Australia y Nueva Zelanda.

Un joven monje de un templo budista de Camboya. La cabeza afeitada y la túnica de color naranja indican que se ha apartado de un mundo orientado hacia las posesiones materiales y la riqueza, para dedicar su vida a seguir las enseñanzas del Buda.

Época de cambio

En la época en que nació Sidharta Gautama, muchos hindúes buscaban nuevas respuestas a ciertas cuestiones, sobre todo en lo referente al sufrimiento. Querían saber por qué tenemos que sufrir y cómo se puede evitar el dolor. Éste era un problema muy grave para los hindúes, puesto que su creencia en la reencarnación implicaba que tenían que sufrir no sólo en una vida, sino en muchas. Sidharta se interesó por esta cuestión y se propuso encontrar una solución.

Un príncipe

Sidharta nació probablemente en torno al año 563 a.E.C. en una familia hindú. Su padre gobernaba un pequeño reino en el norte de la India, cerca de lo que hoy es Nepal. Según la leyenda, una adivina vaticinó que Sidharta sería un gran emperador a condición de que no viera a nadie en las situaciones siguientes:

enfermo · viejo

muerto · monje

Sin embargo, si llegaba a verlas, haría la vida de un hombre santo y errante. Su padre hizo todo lo posible por mantener a Sidharta apartado del mundo exterior. El niño creció con todos los lujos de palacio, fue un joven de buen carácter, se casó y tuvo un hijo, pero cuando su vida parecía completa, comenzó a cuestionarse el valor de su existencia ociosa y opulenta. Un día se alejó del palacio de su padre y no tardó en ver a un enfermo, un anciano, un muerto y un monje.

La búsqueda

Sidharta comprendió que ni los reyes más ricos y poderosos pueden escapar al sufrimiento de la enfermedad, la vejez y la muerte. La cuarta visión, el monje, le pareció una señal de que debía marcharse del palacio y buscar una respuesta al problema del sufrimiento. Tenía 29 años cuando se cortó el pelo, se puso ropa de mendigo y se convirtió en un santo errante.

Sidharta estudió con algunos hombres santos, pero seguía sin encontrar respuestas. También se sometió a un ayuno riguroso durante seis años, que lo dejó exhausto y a punto de morir. Entonces se dio cuenta de que las actitudes extremas no eran la solución, y decidió adoptar lo que él llamó Camino del Medio: ni abusar de los lujos, ni someter el cuerpo a excesivas privaciones.

La iluminación

Cuenta la tradición que una tarde Sidharta se sentó a la sombra de una higuera cerca del templo de Visnú, el dios hindú, en un lugar llamado Bodh Gaya, en la India. Se quedó allí meditando toda la noche y cuando amaneció comprendió el significado de todas las cosas. Desde aquel momento fue el Buda, es decir, el Iluminado.

Las estatuas del Buda suelen representarlo meditando, sentado con las piernas cruzadas y las manos en el regazo.

El nirvana

En el momento que logró la iluminación, Buda alcanzó el *nirvana*, es decir, la liberación del ciclo de reencarnaciones y por tanto del sufrimiento. Según los budistas, el *nirvana* no puede describirse ni definirse con palabras.

El Buda vivió hasta la edad de ochenta años. También se le llama Tathagata, que significa 'el así venido', un nombre que se aplica a quienes alcanzan el *nirvana*. Estas personas se liberan totalmente del mundo y no tienen que reencarnarse.

Según la tradición, el Buda se tumbó de costado para entrar en el último *nirvana* a su muerte.

LINKS DE INTERNET

• En www.usborne-quicklinks.com/es tienes un enlace a una página Web con información general sobre el budismo.

• En www.usborne-quicklinks.com/es hay un enlace a la página de la Casa Tíbet en México, con fotos y datos.

La primera enseñanza

Una vez iluminado, el Buda comenzó a transmitir sus conocimientos a un grupo de monjes. Predicó su primer sermón en un parque de venados de Sarnath, lugar próximo a Benarés (Varanasi) en la India.

El Buda estaba convencido de que la necesidad de encontrar respuesta al problema del sufrimiento era tan urgente que no se podía perder tiempo en especulaciones, así que no intentó responder a las cuestiones de la existencia de Dios o el porqué o cómo fue creado el mundo. Decía que pararse en estos temas sería comportarse como un hombre herido de flecha, que se niega a aliviar su dolor hasta saber cómo era el arco y quién lo disparó. Las respuestas a esas preguntas no le ayudarían a evitar el sufrimiento.

La enseñanza principal del Buda se compone de lo que se conoce como las Tres Verdades Universales, las Cuatro Verdades Nobles y el Camino de las Ocho Sendas. Todo esto unido es el *dharma*.

Los monasterios budistas suelen estar en lugares remotos y tranquilos, como éste situado en el Himalaya. Allí los monjes buscan la iluminación siguiendo las enseñanzas del Buda.

Las Verdades Universales

1. Todo es transitorio y está en constante cambio en la vida. Esta enseñanza del Buda se parece a las ideas del filósofo griego Heráclito, quien sostenía que no es posible bañarse dos veces en el mismo río, porque el agua fluye constantemente.

2. El carácter transitorio de todas las cosas conlleva sufrimiento. Puesto que nada permanece igual, la vida no es satisfactoria, porque deseamos y nos apegamos a cosas que no pueden durar. Aunque logremos un estado de felicidad, tampoco éste puede durar, porque saber que la felicidad terminará es, en sí mismo, fuente de sufrimiento.

   El sufrimiento para los budistas no sólo consiste en el dolor y la tragedia que puede experimentar el ser humano, sino que también incluye todo aquello que hace que la vida no sea perfecta.

3. No existe un yo permanente. Lo que llamamos 'yo' no es más que una colección de características cambiantes. El Buda comparó el ser con un carro, que no es más que una combinación de piezas unidas que se pueden volver a separar.

Este mapa muestra algunos lugares relacionados con la vida del Buda.

Las Verdades Nobles

1. Toda vida implica sufrimiento.

2. La causa del sufrimiento es el deseo y el apego.

3. El deseo y el apego pueden superarse.

4. La forma de superarlos es seguir el Camino de las Ocho Sendas.

Las Ocho Sendas

El Camino de las Ocho Sendas es el Camino del Medio seguido por el Buda en su búsqueda de la iluminación y es un código de conducta para el budista.

1. La justa comprensión: comprender las Verdades Nobles.

2. La justa intención: actuar con consideración.

3. La justa palabra: evitar la rabia, las mentiras y las calumnias.

4. La justa conducta: vivir honestamente y no hacer daño a ningún ser vivo. (Muchos Budistas son vegetarianos).

5. La justa manera de vivir: Evitar trabajos que harían sufrir a los demás.

6. El justo esfuerzo: intentar superar el deseo y el apego a las cosas.

7. La justa disciplina de sí mismo: pensar antes de hablar o actuar.

8. La justa consciencia: liberar la mente de distracciones y lograr la iluminación y el *nirvana*.

Una rueda de ocho radios suele representar las ocho sendas del camino.

Escrituras sagradas

Al principio, las enseñanzas de Buda se trasmitieron oralmente y no se escribieron hasta por lo menos tres siglos después de su muerte. El *Tipitaka*, que significa 'tres cestas', es una importante colección de escrituras, realizadas primero en hojas de palmera que se guardaban en cestas. El *Tipitaka* contiene las citas de Buda, comentarios sobre esas citas y reglas para los monjes.

LINKS DE INTERNET

• En www.usborne-quicklinks.com/es tienes un enlace a una página sobre los principios básicos del budismo.

• En www.usborne-quicklinks.com/es hay un enlace a una página donde podrás aprender muchas cosas interesantes sobre la historia del Tíbet.

Citas budistas

Aquí tienes algunas citas budistas, con el nombre de su autor o las escrituras de las que se han extraído.

Eres tú quien debe esforzarse. Los grandes del pasado sólo mostraron el camino.

Dhammapada

Hay que evitar estos dos extremos:
1. La entrega a los placeres sensuales.
2. La entrega al ascetismo extremo.

Dhammacakkappavattama Sutra

Es fácil ver los defectos de los demás, pero difícil ver los propios. Difundimos los defectos ajenos como paja diseminada al viento, pero escondemos los propios como el jugador astuto oculta sus dados.

Dhammapada

Si tienes miedo, estás en el error. Si sabes calmar tu espíritu y mantenerlo sereno en toda circunstancia, estás en la verdad.

Bodhidharma

Avanzad, oh monjes, por el bien de muchos, por el bienestar de muchos; por compasión al mundo enseñad este dhamma que es glorioso en el principio, glorioso en el medio y glorioso al final.

Vinaya Pitaka

Un estado que no me resulta placentero o agradable, ¿cómo podría infligirlo a otros?

Samyutta Nikaya

Las très joyas

La mayoría de los budistas comparten su creencia en el Buda, en el *dharma* (sus enseñanzas) y en el *sangha* (el orden monástico). Se les llama las tres joyas porque tienen gran valor.

Estas escrituras tibetanas contienen las enseñanzas del Buda, una de las tres joyas del budismo.

Los cinco preceptos

El Buda dijo que el camino a la iluminación consiste en hacernos responsables de nuestros actos y estableció cinco reglas o preceptos que todos los budistas deben obedecer en la vida cotidiana.

1. No hacer daño a ningún ser vivo.
2. No tomar nada que no haya sido ofrecido libremente.
3. Vivir con decencia.
4. No hablar con mala intención ni mentir.
5. Evitar el alcohol y las drogas.

Meditación

Además del respeto a los cinco preceptos, los budistas creen que la meditación es esencial para alcanzar el *nirvana*. A través de la meditación, que es un proceso de búsqueda dentro sí, las personas pueden llegar a comprender la verdad de las doctrinas del Buda.

La base de la meditación es el *samatha*, que es un estado de paz en el que la mente se vacía de todo pensamiento. Para alcanzar este estado es útil concentrarse en la respiración, en una vela o en otro objeto. Una vez que la mente se aquieta, se puede centrar en la idea de que nada permanece y todo cambia. Esta etapa se llama *vipassana*.

Según los budistas, cualquier cosa puede servir de foco para la meditación. La consciencia justa permite la concentración sólo en el momento presente, sin la introducción de pensamientos que distraigan. Bajo estas líneas figuran algunos de los medios utilizados para meditar.

La persona suele sentarse con las piernas cruzadas o arrodillarse en un cojín.

Se pueden hacer ofrendas de flores o incienso a una estatua del Buda.

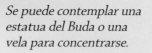

Se puede contemplar una estatua del Buda o una vela para concentrarse.

Cerrar los ojos y contar las respiraciones ayuda a estar en calma.

Ritos de pasaje

El budismo da mucha menos importancia a los ritos de pasaje que otras religiones, hasta el punto de que para señalar las bodas o los nacimientos, simplemente se siguen las costumbres locales que existan. Quizá esto se deba a que los budistas piensan que el apego al 'yo' encierra a las personas en el ciclo de las reencarnaciones, y por tanto, los eventos que más se deben celebrar son los que ayudan a concentrarse en el camino de la iluminación y la liberación.

Por ejemplo, en casi todas las tradiciones existe un breve ritual, llamado ceremonia de refugio, cuando alguien se hace budista. Consiste en recitar los cinco preceptos y las tres joyas.

"Acudo al Buda en busca de refugio. Acudo al dharma en busca de refugio. Acudo al sangha en busca de refugio".

En la ceremonia se hacen ofrendas de flores e incienso a la estatua del Buda para mostrar respeto por él y por sus enseñanzas.

Los sangha

Las comunidades de monjes o monjas budistas reciben el nombre de *sangha*. Los monjes que oyeron el primer sermón del Buda en Sarnath se convirtieron al budismo y formaron la primera *sangha*. Al principio el Buda no sabía si permitir el ingreso de las mujeres en el *sangha*, pero le convenció su suegra, quien también deseaba pertenecer.

LINK DE INTERNET

• En www.usborne-quicklinks.com/es encontrarás un enlace a una página sobre el famoso templo de Shaolin.

La vida en el sangha

Los monjes y monjas budistas viven en sus monasterios con gran sencillez. Sólo poseen ocho cosas, entre ellas tres túnicas, una cuchilla de afeitar y un cuenco para recoger limosnas. La gente suele darles comida a cambio de bendiciones.

Los monjes se dedican a estudiar los textos sagrados, meditar, dirigir el monasterio y trabajar en la comunidad, bien dando clases o cuidando a los enfermos. Tienen que obedecer un código de más de 250.normas entre las que se incluyen diez preceptos: los cinco que observan todos los budistas y cinco adicionales (ver lista a la derecha).

1. No comer demasiado ni comer después del mediodía.

2. No participar en bailes ni cánticos frívolos.

3. No llevar adornos ni perfumes.

4. No dormir demasiado, ni en cama blanda.

5. No aceptar oro ni plata (dinero).

Pravrajya

En ciertos países budistas es costumbre que los niños pasen un tiempo viviendo como monjes. La ceremonia de *pravrajya*, en la que se convierten en monjes novicios, se celebra a partir de la edad de ocho años. A veces el niño acude al monasterio a caballo, vestido con sus mejores galas, y allí le afeitan la cabeza, se pone una túnica sencilla y promete obedecer los diez preceptos.

Los niños suelen vestir ropa distinguida para la ceremonia *pravrajya*, en recuerdo de que el Buda vivió como un príncipe.

Este niño ha pasado por su ceremonia de *pravrajya*. Le han afeitado la cabeza para indicar que se ha apartado de las acciones pasadas y se dispone a comenzar una nueva vida.

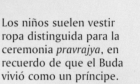

En algunos *sanghas* se permite que los monjes tengan algunos objetos, además de los ocho básicos, como por ejemplo cuentas de oración, un paraguas o un abanico de palma como el que lleva este niño en la mano.

Propagación del budismo

El primer *sangha* propagó las enseñanzas del Buda por todo el norte de la India. El emperador Asoka, que gobernó el norte y el centro del país del 269 al 231 a.E.C., mandó erigir pilares de piedra tallados con las doctrinas del Buda por todo su imperio y envió misioneros a Asia central, ayudando a que el budismo se extendiera.

Mahinda, hijo de Asoka, llevó la religión al sur de la India y Sri Lanka. El budismo se extendió hacia el este a través de las rutas comerciales con China. En muchas partes de la India, el budismo siguió siendo una religión activa por lo menos hasta el 1200 E.C., año en que los invasores musulmanes destruyeron muchos templos, santuarios y monasterios.

Poco después de la muerte del Buda, comenzaron a surgir entre sus seguidores diferencias de opinión que finalmente desembocaron en dos clases de budismo: theravada y mahayana.

El emperador Asoka ayudó a que el budismo se extendiera por la India y Asia central.

JAPÓN

Hacia Afganistán

CHINA

INDIA

El primer *sangha* propagó el budismo por el norte de la India.

Mahinda llevó el budismo al sur de la India y Sri Lanka.

El budismo se extendió por las rutas comerciales con China.

Direcciones en las que se propagó el budismo

Budismo theravada

Budismo mahayana

Hacia Indonesia y Borneo

Este mapa muestra la propagación del budismo desde la India a muchos otros países orientales, donde hoy en día todavía prospera.

Budismo theravada

Theravada significa 'camino' o 'enseñanzas de los ancianos'. Los budistas theravada creen que siguen las enseñanzas originales del Buda con más fidelidad que otros grupos.

Un monje theravada estudiando las enseñanzas en el *Tipitaka*.

Según el budismo theravada, aunque Buda fue una persona excepcional y un modelo digno de ser imitado, sólo fue un ser humano que, al morir, ya no pudo ofrecer más ayuda práctica a los que siguieron viviendo. Por este motivo, los budistas theravada no rezan al Buda y creen que cada individuo debe recorrer su propio camino siguiendo las enseñanzas escritas en el *Tipitaka*.

Budismo mahayana

Este grupo considera que el Buda Sidharta Gautama no fue sino uno de los muchos budas del pasado, presente y futuro, y cree también en los *bodhisattvas*. El nombre significa 'que será buda' y se refiere a las personas que están en el camino de la iluminación y han dedicado toda su carrera espiritual, a lo largo de muchas vidas, a ayudar a otros a conseguir la liberación.

Los budistas mahayana utilizan el *Tipitaka* y otros textos más recientes llamados *sutras*, que constan de historias y parábolas que explican las partes más difíciles de las enseñanzas del Buda. Los más conocidos son el *Sutra del Diamante* y el *Sutra del Loto*. El *sangha* es importante, pero no se considera esencial hacerse monje porque cualquiera puede buscar el *nirvana* estando todavía inmerso en la sociedad.

Cuando el budismo se extendió por Asia, los budistas mahayana se adaptaron a las culturas que encontraron, lo cual llevó a la formación de distintas ramas de este budismo. Tres de esas ramas son el vajrayana, el budismo de la Tierra Pura y el budismo zen.

Estos leones de piedra coronaban uno de los pilares tallados con las doctrinas budistas erigidos por el emperador Asoka.

El palacio de Potala, cerca de Lhasa en el Tíbet, es la residencia oficial del Dalai-Lama. Es un lugar importante de peregrinación para los budistas vajrayana (tibetanos).

Budismo vajrayana

Se conoce también como budismo tibetano, porque floreció en el Tíbet. Sus líderes no sólo tenían influencia religiosa, sino también poder político. En la década de 1950, el Tíbet fue invadido por China, un país comunista que no permitía la religión, y muchos budistas tuvieron que huir. El Dalai-Lama, líder del budismo vajrayana, todavía vive en el exilio en la India.

Budismo de la Tierra Pura

Esta rama del budismo comenzó en China y se extendió a Japón alrededor del siglo XIII. La figura central es el buda Amida o Amitabha, un hombre tan compasivo que prometió que todo el que pronunciara su nombre renacería en la Tierra Pura. Esta tierra es un lugar en el que todo el mundo seguiría con facilidad las enseñanzas del Buda y alcanzaría el *nirvana*.

Budismo zen

El budismo zen, que también comenzó en China, se extendió a Japón alrededor del siglo XIII. Los miembros de esta rama intentan pasar el mayor tiempo posible en estado 'consciente', es decir, meditando sobre la realidad. La palabra zen quiere decir 'meditación'.

Para concentrarse durante la meditación utilizan pinturas, artes marciales como el karate y jardines de diseño especial. También emplean unos acertijos llamados *koan*, como por ejemplo: ¿Qué sonido hace una sola mano dando una palmada? El objeto de los *koans* es romper el patrón habitual del razonamiento lógico para que podamos ver más allá de nuestro modo de pensar y así alcanzar la iluminación.

Los jardines zen ofrecen un lugar tranquilo para la meditación. La arena se rastrilla todos los días y representa los arroyos de agua, siempre cambiantes, en torno a las inmutables islas de roca.

⌐LINK DE INTERNET⌐
• En **www.usborne-quicklinks.com/es** tienes un enlace a una página con la biografía del Dalai Lama y una lista de citas budistas.

Lugares sagrados

Algunos de los principales lugares de peregrinación están relacionados con eventos importantes en la vida del Buda, como su lugar de nacimiento (Lumbini), su iluminación (Bodh Gaya), sus primeras enseñanzas (Sarnath) y su muerte (Kusinara).

Si hacen una peregrinación, los budistas se esfuerzan aún más en observar los cinco preceptos e intentan no comportarse de forma frívola y concentrarse en la búsqueda de la iluminación. Algunos realizan parte del viaje descalzos o arrastrándose, para demostrar que comprenden que el sufrimiento es parte de la vida. También suelen dar la vuelta tres veces al lugar de peregrinación para conmemorar las tres joyas.

La *stupa* de piedra del siglo V en Katmandú, Nepal, es una de las más grandes del mundo. Los ojos de Buda, que todo lo ven, contemplan las banderas con oraciones que cuelgan de la cúspide.

Los lugares de culto

Los budistas van a los templos y santuarios para presentar sus respetos al Buda, reunirse con otros budistas y meditar. Pueden rendir culto tanto en los grandes templos ricamente adornados, como en cualquier cuarto que haya sido reservado para tal fin en un edificio corriente.

El estilo más antiguo de santuario budista es la *stupa*. Las primeras *stupas* eran túmulos que contenían las cenizas del Buda. Más tarde se construyeron otras para guardar en ellas las enseñanzas del Buda y reliquias de otros maestros y *bodhisattvas*. Las *stupas* antiguas eran sencillas cúpulas de ladrillo y barro, pero más tarde se construyeron en piedra y con forma de campana.

Cuando el budismo se extendió a China y Japón, el diseño de las *stupas* cambió y comenzaron a erigirse unas estructuras más altas y delgadas llamadas pagodas, que suelen tener forma de torres escalonadas, por lo general con ocho lados. El número de pisos varía de tres a trece, pero es siempre impar.

Esta stupa con forma de campana alberga una estatua del Buda. Los budistas muestran su respeto caminando tres veces en torno a ella.

Las pagodas son de madera, ladrillo o piedra y suelen coronarse con un mástil. Pueden estar decoradas con pinturas o carecer de adornos.

Rituales budistas

Los rituales se realizan en un altar en el hogar, así como en el templo, y varían dependiendo de las distintas ramas del budismo.

Las ofrendas de flores, velas e incienso suelen colocarse ante la estatua del Buda o de un *bodhisattva* en señal de respeto y porque los budistas creen que así se fomenta la generosidad. Las flores nos recuerdan que la vida en la Tierra es corta, las velas simbolizan la iluminación, y el olor del incienso representa la propagación del *dharma* por el mundo. Los budistas suelen tumbarse boca abajo en el suelo delante de una estatua o un altar como muestra de respeto y para agradecer al Buda sus enseñanzas.

En Nepal y el Tibet, a veces se escriben oraciones en banderas para que cuando se agiten en la brisa, lleguen a todos los rincones de la Tierra.

La oración también es importante. En algunas religiones se reza para pedir algo a los dioses o para dar gracias, pero los budistas creen que la oración les ayuda a unir los pensamientos más íntimos con las fuerzas del bien.

Además de repetir frases cortas llamadas *mantras*, en algunos países se utilizan también molinos de oraciones, que son cilindros que contienen un pergamino en el que hay escritos cientos de *mantras*. Se cree que al dar vueltas a la rueda, los *mantras* se repiten, se hacen más fuertes y salen al exterior.

Un molino de oraciones

El arte budista

El arte emplea una gran variedad de símbolos para recordar a la gente sus creencias. En las imágenes del Buda, que se ven en todos los templos budistas, las distintas posiciones de su cuerpo y sus manos tienen un significado concreto. Muchas tallas y pinturas muestran escenas y sucesos de la vida del Buda, aunque también se le suele representar con símbolos como una rueda de ocho radios, una higuera, una *stupa* o huellas de pisadas.

Una flor de loto

Otro símbolo muy común en el budismo es la flor del loto, que tiene sus raíces en el barro del fondo de los estanques. El barro representa la vida humana, la flor blanca y pura se identifica con la iluminación.

LINK DE INTERNET

• En **www.usborne-quicklinks.com/es** tienes un enlace a una visita virtual de un templo budista. También podrás explorar más aspectos de la religión budista.

El calendario budista

El calendario religioso se basa en las fases de la luna. Según la tradición, el Buda nació y murió en la fase de luna llena; por tanto, muchas de las fiestas se celebran en este período.

Luna nueva

Octante — Octante

Fases de la luna en un mes lunar

Cuarto menguante — Cuarto creciente

Octante — Octante

Luna llena

A lo largo del año hay muchas festividades, algunas celebradas por los budistas de todo el mundo y otras que son propias sólo de una ciudad o un país en concreto.

Festividades budistas

El Wesak es la celebración del nacimiento del Buda, aunque en los países theravada se conmemora también su iluminación y su muerte. Tiene lugar en la luna llena de finales de mayo o principios de junio.

Las estatuas del Buda se decoran y, en China, se sumergen en agua perfumada. La gente acude a los templos o monasterios para llevar ofrendas, meditar y escuchar sermones sobre la iluminación del Buda. La luz es muy importante en las celebraciones de Wesak: se encienden lámparas y hay espectaculares fuegos artificiales.

La música suele tener un papel importante en las fiestas budistas. Estos monjes tibetanos tocan fanfarrias para recibir al año nuevo en la festividad de Losar.

La luz de la vela simboliza la iluminación

En Tailandia esta festividad se llama Visakha. Al atardecer la gente acude a su monasterio local en una procesión iluminada con velas. Allí hacen ofrendas de flores e incienso, meditan y caminan tres veces en el sentido de las agujas del reloj en torno al santuario, para conmemorar las tres joyas.

En Japón el nacimiento del Buda se celebra con una fiesta de primavera llamada Hana Matsuri. Hay ferias, puestos de comida, danzas folclóricas y acróbatas. Los monjes montan exposiciones y maquetas que cuentan la historia del nacimiento del Buda.

El día de Asala conmemora las primeras enseñanzas del Buda. En Sri Lanka se celebra durante la fiesta del Diente Sagrado y se lleva en procesión por las calles un cofre dorado con un diente atribuido al Buda.

En los países occidentales muchos budistas celebran tres fiestas: el día del Buda, el día de Dharma y el día de Sangha.

Losar

El Losar, que marca el principio del año nuevo, es una gran fiesta tibetana que se celebra en la luna llena de febrero en conmemoración del primer período de la vida y las enseñanzas del Buda. Antes del Losar se limpian las casas en señal de un nuevo comienzo, se encienden lámparas y se lanzan fuegos artificiales. Los monjes se ponen coloridos disfraces y máscaras y bailan para alejar a los malos espíritus.

Los bailarines, como éste, representan la lucha entre el bien y el mal en una fiesta budista.

Vassa

El Vassa es un retiro de meditación que tiene lugar en la estación de las lluvias. El Buda recomendó a sus monjes que dedicaran ese tiempo al estudio, ya que en su época era imposible viajar. En Vassa, todos los budistas tratan de reservar algún tiempo para el estudio y la meditación, y al final del retiro ofrecen túnicas nuevas a los monjes.

Obon

El Obon es una fiesta japonesa que se celebra en julio. Durante tres días las familias budistas rezan y presentan sus respetos a los antepasados.

Día 1
Se depositan ofrendas de flores y arroz hervido en el altar familiar como bienvenida a los espíritus de los antepasados.

Día 2
La gente se viste con sus mejores galas y celebra un día de fiesta con banquetes, procesiones, música y baile.

Día 3
Tras despedirse de los antepasados y dedicar ofrendas al Buda, piden su bendición (para sí y para sus antepasados).

Días uposatha

Además de las fiestas, todos los meses lunares hay cuatro días *uposatha*, en los que los budistas cumplen sus deberes religiosos.

Algunos ayunan estos días para concentrarse en las cuestiones espirituales y a veces acuden a su templo o monasterio con regalos y comida para los monjes. Los budistas creen que las buenas acciones los harán más felices y beneficiarán a otros, y que si con ellas no alcanzan el *nirvana* en esta vida, por lo menos tendrán una vida mejor en la siguiente reencarnación.

┌─LINK DE INTERNET─
• En **www.usborne-quicklinks.com/es** hay un enlace a una galería de imágenes de *bodhisattvas* y más personificaciones budistas con sus mantras.

Detalle de la estatua de Miguel Ángel que muestra la muerte de Jesús en la cruz. Los cristianos creen que Jesús es el hijo de Dios y consideran que su muerte es una prueba del amor de Dios hacia el mundo. Jesús suele ser representado con una expresión serena, como en esta estatua.

EL CRISTIANISMO

 Los cristianos creen en las enseñanzas de Jesús, un hombre a quien sus seguidores llamaron Cristo. La palabra griega 'cristo' significa 'mesías', es decir, 'el salvador'. Para los cristianos Jesús es el hijo de Dios, o sea, Dios hecho hombre. Hoy en día el cristianismo existe en casi todo el mundo y se considera la religión más difundida, con más de mil millones de fieles.

Nacimiento

Jesús era judío. Nació hace unos dos mil años en Judea, cuando la región estaba bajo ocupación romana (ahora forma parte de Israel). Según las escrituras cristianas, Dios envió al arcángel Gabriel a la ciudad de Nazaret para que anunciara a la joven María que sería la madre de Jesús. Los cristianos creen que María era virgen, a pesar de haber sido madre.

Jesús nació en Belén, lugar al que viajaron María y su esposo José para pagar sus tributos. Al no encontrar posada, tuvieron que recogerse en un pesebre y allí nació el niño. Según una versión de lo ocurrido, primero fueron a adorarlo unos pastores; según otra versión, tres reyes magos llegaron a Belén guiados por una estrella y ofrecieron a Jesús tres regalos.

Muchos cristianos creen que los regalos de los reyes magos tienen un significado especial. El primer regalo, el oro, es símbolo de realeza.

El segundo regalo era un incienso de muy buena calidad y olor aromático, símbolo de santidad.

El tercer regalo era un incienso acre llamado mirra, usado para ungir los cadáveres y por lo tanto, relacionado con la muerte.

Este cuadro italiano del siglo XV muestra el humilde nacimiento de Jesús en un establo.

El bautismo de Jesús

Jesús creció en Nazaret y probablemente fue carpintero. Cuando tenía unos 30 años pidió a su primo Juan que le bautizara en el río Jordán (el bautismo consiste en ser sumergido en agua en señal de que se empieza una nueva vida espiritual) y Juan supo que Jesús era el mesías que esperaba el pueblo judío (ver página 26).

Juan bautizando a Jesús en el río Jordán

Según las escrituras, el espíritu de Dios bajó en forma de paloma y se posó sobre Jesús, mientras una voz del cielo decía que era el Hijo de Dios. Los cristianos creen que el nombre de Jesús también demuestra que era el mesías porque, según una versión de la historia, cuando María estaba embarazada se apareció un ángel a José y le dijo que le pusiera al niño el nombre de Jesús, una variante del nombre hebreo Josué, que significa 'Dios salva'.

Su obra

Después de su bautismo, Jesús pasó 40 días en el desierto. Mientras estaba allí, el demonio (Satanás) quiso tentarle, pero Jesús rechazó todas sus ofertas. Esto recuerda a los cristianos que los creyentes pueden tener tentaciones. Después del retiro en el desierto, Jesús eligió 12 discípulos, también llamados apóstoles, y comenzó a predicar. Tenía fama de poder sanar a los enfermos y hacer milagros, como dar de comer a una multitud de cinco mil personas con sólo cinco panes y dos peces.

Jesús alimentó a cinco mil personas con cinco panes de cebada y dos peces.

Las autoridades religiosas judías se sintieron amenazadas por la popularidad de Jesús y algunas de las cosas que hacían él y sus discípulos. Por ejemplo, Jesús ayudaba a los marginados, a los gentiles (los que no eran judíos) y a las mujeres. También perdonaba los pecados, cosa que, según los judíos, sólo podía hacer Dios.

LINK DE INTERNET

• En www.usborne-quicklinks.com/es tienes un enlace para poner a prueba tus conocimientos sobre la Biblia en una página de acertijos bíblicos.

Las enseñanzas de Jesús

Uno de los sermones más importantes de Jesús es el Sermón de la Montaña, en el que describió sus enseñanzas centrales y bendijo, entre otros, a los mansos, los misericordiosos y los perseguidos. También describió las leyes de Dios y mandó obedecerlas, por ejemplo, amando a los enemigos y no juzgando a los demás. En el sermón incluyó el padrenuestro, que todavía se reza hoy en día.

Jesús dijo que para establecer la justicia y la paz del reino de Dios en el mundo, los hombres tendrían que arrepentirse de sus pecados (actos contra las leyes de Dios) y empezar a vivir una nueva vida.

Jesús enseñó que el amor y el servicio a los demás eran más importantes que todos los detalles de la ley judía. También decía que Dios era el Padre, cuando en aquella época nadie había hablado nunca de Dios con tanta familiaridad.

En esta vidriera del siglo XIII aparece Jesús, con un halo en la cabeza, enseñando en la sinagoga. Para indicar que los discípulos eran judíos, éstos llevan en la cabeza lo que los cristianos medievales creían que eran gorros hebreos.

Las parábolas

Jesús solía enseñar mediante parábolas, que son historias con una moraleja espiritual. La parábola del buen samaritano que figura a continuación, enseña que debemos ayudarnos los unos a los otros sin tener en cuenta nuestras diferencias, por ejemplo, de raza o de fe.

Un judío iba de camino a Jericó cuando le atacaron unos ladrones y lo dejaron medio muerto a un lado del camino.

Un sacerdote vio al hombre que se desangraba en el suelo, pero pasó de largo sin ayudarle.

Una segunda persona pasó también de largo sin hacer caso del herido y sin detenerse.

Un hombre de Samaria se detuvo a socorrerle, aunque los judíos y los samaritanos se odiaban.

En Jerusalén

Tres años después de empezar a enseñar, Jesús fue con sus discípulos a Jerusalén a pasar la Pascua (ver página 35). Llegó a la ciudad montado en un burro y mucha gente salió a recibirle como si fuera un rey. Todos esperaban que Jesús echara a los romanos y estableciera de nuevo un reino judío, pero cuando se dieron cuenta de que no iba a ser así, se volvieron contra él.

La Última Cena

Jesús pasó la Pascua con los discípulos. Durante lo que se conoce como la Última Cena, les anunció que iba a morir y compartió con ellos el pan y el vino, diciendo que el pan era su cuerpo y el vino su sangre, y que sus discípulos deberían seguir compartiendo estos alimentos en su memoria.

En muchas iglesias los fieles beben un sorbo de vino en una copa como ésta, llamada cáliz, en memoria de la Última Cena.

La crucifixión

Judas, que era uno de los discípulos, entregó a Jesús a las autoridades. Acusaron a Jesús de blasfemia, que significa tratar el nombre de Dios sin respeto.

Lo llevaron ante el gobernador romano, Poncio Pilatos, que tenía autoridad para sentenciar a muerte. Las escrituras cristianas cuentan que Pilatos no quiso liberar a Jesús por miedo a que se produjeran disturbios, y ordenó que fuera crucificado, es decir, clavado a una cruz hasta morir. Con él crucificaron a dos ladrones, uno a cada lado.

La resurrección

Jesús fue enterrado, pero al tercer día se halló el sepulcro vacío. Algunos de sus seguidores dijeron que habían visto a Jesús y pronto corrió la noticia de que había resucitado.

Esta vidriera de una iglesia de Francia representa la crucifixión de Jesús.

Junto a Jesús suele aparecer María, su madre, y Juan, uno de los discípulos.

La ascensión

Se dice que Jesús se apareció a los discípulos varias veces antes de ascender al cielo para reunirse con Dios, su Padre. Muchos cristianos creen hoy en día que, cuando se mueran, sus almas irán al cielo para reunirse con Dios.

┌─ LINKS DE INTERNET ─

• En **www.usborne-quicklinks.com/es** tienes un enlace a una página donde encontrarás muchas parábolas de Jesús según aparecen en los evangelios.

• En **www.usborne-quicklinks.com/es** tienes un enlace a una página con un resumen ilustrado de la historia de Jesucristo, empezando poco antes de su nacimiento.

La Biblia

Las enseñanzas cristianas están escritas en la *Biblia*, que se divide en dos partes: el *Antiguo Testamento* y el *Nuevo Testamento*. La palabra 'Testamento' significa también promesa o alianza. Los cristianos emplean la *Biblia* en el culto, como materia de estudio y como ayuda en las épocas difíciles. Lo más importante es que creen que la *Biblia* enseña cómo hay que vivir.

En la Edad Media los monjes realizaban hermosas copias de la *Biblia*. Esta página, que data del siglo XII, es el principio de uno de los libros de la *Biblia*.

El Antiguo Testamento

El *Antiguo Testamento* fue escrito en hebreo y es casi idéntico al *Tanakh* judío (ver página 28). Cuenta la historia de la creación del mundo, la de los judíos y la relación entre los judíos y Dios. Enseña también que la salvación se alcanza a través de la obediencia a la ley de Dios.

La *Biblia* ha llegado a muchos países y ha sido traducida a muchos idiomas. Ésta es una ilustración de una *Biblia* etíope que tiene mil años.

El Nuevo Testamento

El *Nuevo Testamento* fue escrito en griego. Cuenta la historia de Jesús y cómo a través de él Dios establecería una nueva relación con los hombres. Enseña que la salvación se alcanza por la fe en la muerte y resurrección de Jesús. El *Nuevo Testamento* comprende 27 libros: 4 *Evangelios*, 21 *Epístolas*, los *Hechos de los Apóstoles* y el *Apocalipsis*.

Los evangelios

Se calcula que los evangelios pudieron ser escritos entre los años 70 y 100 E.C. Los cuatro evangelistas (mensajeros de buenas nuevas) fueron Mateo, Marcos, Lucas y Juan. Cada uno de ellos relata desde su punto de vista la vida de Jesús y describe sus enseñanzas, la crucifixión y la resurrección.

San Marcos escribiendo el evangelio

Hechos de los Apóstoles

El libro *Hechos de los Apóstoles* sigue a los evangelios. Cuenta lo que pasó después de la resurrección y describe los primeros pasos del cristianismo.

San Pablo representado en un mosaico.

Las epístolas

Las epístolas son cartas. Casi todas las que incluye el *Nuevo Testamento* fueron escritas unos 30 años después de la muerte de Jesús por un judío converso llamado Pablo. Pablo recorrió todo el Imperio Romano hablando de Jesús a los gentiles y estableciendo comunidades conocidas como iglesias. Las cartas de Pablo dan consejos y ánimos a los primeros cristianos.

El Apocalipsis

Es el último libro del *Nuevo Testamento* y describe el fin del mundo.

Creencias cristianas

Los cristianos, como los judíos, creen que Dios creó el universo. Según las escrituras cristianas, Dios hizo el mundo y todo lo que hay en él en seis días y el séptimo día descansó. Algunas personas creen que esta historia de la creación se debe aceptar en sentido literal, pero muchas otras piensan que no se trata de una narración verídica, sino que tiene carácter simbólico.

El primer día Dios creó el día y la noche.

El segundo día Dios creó el cielo.

El tercer día Dios separó la tierra del mar y creó las plantas.

El cuarto día Dios creó el Sol, la Luna y las estrellas.

El quinto día Dios creó las criaturas del mar y los pájaros.

El sexto día Dios creó a los demás animales y al hombre.

Según los cristianos, hay que obedecer las leyes de Dios y cualquier acto en contra de la ley divina –por ejemplo, matar o robar– es un pecado. La *Biblia* enseña que aunque Jesús estaba libre de pecado, vino al mundo y sacrificó su vida para que los hombres pudieran obtener el perdón de Dios.

Muchos cristianos creen que llegará el día del Juicio Final, en el que Jesús juzgará lo que hemos hecho en nuestra vida y decidirá si vamos al cielo o al infierno.

Existen diferentes ideas sobre el cielo. Muchos creen que es un lugar al que se va después de la muerte para estar con Dios. Otros piensan que el cielo es el reino de Dios en la Tierra y que los hombres pueden ayudar a establecerlo siguiendo las enseñanzas de Jesús. Por lo general se considera que el infierno es lo contrario del cielo: un lugar de castigo y separación de Dios.

Citas cristianas

Aquí hay algunas citas relacionadas con el cristianismo, casi todas del *Nuevo Testamento*.

¿De qué le sirve al hombre ganar el mundo entero si pierde su alma?
Evangelio de San Marcos

La verdad os hará libres
Evangelio de San Juan

Bienaventurados los que trabajan por la paz, porque ellos serán llamados hijos de Dios.
Evangelio de San Mateo (del Sermón de la Montaña).

Haz todo el bien que puedas, por todos los medios que puedas, de todas las maneras que puedas, todas las veces que puedas, a toda la gente que puedas, siempre que puedas.
John Wesley

Si alguno dice: "Amo a Dios", y aborrece a su hermano, es un mentiroso; pues quien no ama a su hermano, a quien ve, no puede amar a Dios a quien no ve.
Primera epístola de San Juan

Ahora subsisten la fe, la esperanza y la caridad, éstas tres. Pero la mayor de todas ellas es la caridad.
Primera epístola de San Pablo a los corintios

El Cristo en la cruz recuerda a los cristianos su crucifixión. Una cruz vacía, como ésta, es símbolo de su resurrección.

LINKS DE INTERNET

• En www.usborne-quicklinks.com/es tienes un enlace a una página donde podrás leer la Biblia en Internet.

• En www.usborne-quicklinks.com/es hay un enlace a un buscador bíblico. Localiza los pasajes que te interesen.

Los primeros tiempos

Tras la muerte de Jesús, sus seguidores se encargaron de difundir sus enseñanzas. Pedro, uno de los discípulos, predicó el primer sermón cristiano, a partir del cual unas tres mil personas adoptaron la nueva religión. Pablo llevó el mensaje cristiano a Asia Menor (la moderna Turquía), Grecia e incluso Roma.

Algunos emperadores romanos consideraron que los cristianos eran rebeldes, porque se negaban a adorar a los dioses romanos. Las autoridades persiguieron tanto a cristianos como a judíos, echándoles la culpa de sus propios fallos políticos. En el año 70 E.C. el ejército romano destruyó Jerusalén, con la esperanza de librar así al Imperio de cristianos y judíos.

Los cristianos se reunían en secreto y usaban signos para indicar a otros cristianos si se encontraban en lugar seguro para hablar de su fe.

El pez era un signo secreto. Las letras de la palabra 'pez' representan en griego el nombre del Hijo de Dios, Jesucristo, el Salvador.

Constantinopla, que aparece aquí en una pintura del siglo XV, fue fundada por el emperador romano Constantino.

Constantino

En el año 313 E.C. el emperador romano Constantino se convirtió al cristianismo. Fundó la ciudad de Constantinopla donde antes se alzaba la antigua ciudad griega de Bizancio y legalizó la religión cristiana. En el 325 convocó un consejo en Nicea (ahora Isnik, en Turquía) para redactar una declaración de la fe cristiana que se convirtió en la forma más aceptada del cristianismo.

La declaración, llamada el Credo de Nicea, incluía la idea de la Trinidad, que establece que Dios son tres personas en una: el Padre (creador de todas las cosas), el Hijo (Jesús) y el Espíritu Santo (la continua presencia de Dios en el mundo). Es uno de los pilares de la fe cristiana.

Oriente y Occidente

En los siglos V y VI, el imperio romano se dividió en dos. Constantinopla fue la capital del imperio oriental o bizantino mientras que Roma siguió siendo la capital del imperio occidental.

En el año 1054 se produjo un conflicto entre la cabeza de la Iglesia en Constantinopla (el Patriarca) y la cabeza de la Iglesia en Roma (el Papa). Las dos ramas de la Iglesia se separaron y esta división se llamó el Gran Cisma.

INGLATERRA
ITALIA
Roma
Mar Negro
ESPAÑA
Mar Mediterráneo
Constantinopla (ahora Estambul)
■ Cristianismo occidental (católico)
■ Cristianismo oriental (ortodoxo)

Este mapa muestra la división entre el cristianismo oriental y occidental en el año 1054.

La Iglesia del imperio occidental llegó más tarde a ser conocida como católica (la palabra 'católico' quiere decir 'universal'), la oriental recibió el nombre de ortodoxa. Con los años han ido creciendo las diferencias en la fe y el culto de estas dos Iglesias.

En este mosaico aparece el emperador Constantino con una maqueta de Constantinopla, ciudad que recibió su nombre.

La Reforma

En el siglo XVI, muchos creyentes estaban en desacuerdo con la Iglesia católica romana. Una nueva iglesia 'reformada' –la Iglesia protestante– surgió a partir de las protestas de Martín Lutero y Juan Calvino. Los reformistas criticaban algunas de las prácticas de la Iglesia católica y también pensaban que se había vuelto demasiado rica, poderosa y corrupta. Este movimiento religioso recibe el nombre de Reforma.

Martín Lutero

En 1517 el alemán Martín Lutero atacó la autoridad del Papa y los líderes de la Iglesia, y escribió una lista de 95 puntos o aspectos de la doctrina católica que precisaban reforma. Lutero estaba en contra de la venta de indulgencias, una práctica que consistía en pagar dinero a la Iglesia para recibir a cambio la promesa de que después de la muerte no habría castigo por los pecados cometidos.

Lutero tradujo la *Biblia* al alemán, porque hasta entonces sólo se leía en latín, un idioma que la gente corriente no entendía. Pronto fue traducida también a otras lenguas. Lutero creía que las enseñanzas de la *Biblia* y la fe personal en Cristo eran más importantes que los rituales de la Iglesia.

Martín Lutero

Juan Calvino

El francés Juan Calvino dio al protestantismo su estructura de iglesia organizada, en la cual se basaron casi todas las iglesias protestantes que surgieron después. Calvino compartía las ideas de Lutero, pero también creía en la predestinación, es decir, la idea de que Dios tiene un plan para cada persona, incluida la posibilidad de que se salve o no. Las ideas de Calvino se hicieron muy populares en Suiza y en Escocia.

Juan Calvino, fundador de la iglesia calvinista.

Este grabado en madera (sin fecha) se llamó *La Iglesia atribulada en un mar de descontento*. Refleja el conflicto religioso durante la Reforma y la Contrarreforma.

LINK DE INTERNET
• En www.usborne-quicklinks.com/es tienes un enlace a una página con la biografía del reformador religioso alemán Martín Lutero.

La Contrarreforma

El movimiento de reforma en la Iglesia católica como reacción al protestantismo lleva el nombre de Contrarreforma. Los líderes católicos convocaron un concilio y acordaron una serie de cambios para atraer de nuevo a los fieles, incluyendo la prohibición de la venta de indulgencias.

Muchos europeos volvieron a la fe católica, pero Europa quedó dividida en buena parte entre los protestantes al norte y los católicos al sur. Los católicos y los protestantes se odiaban mutuamente, lo cual provocó intolerancia, persecuciones y guerras religiosas.

La iglesia de Inglaterra

En 1529 el rey Enrique VIII de Inglaterra desafió la autoridad suprema del Papa y se declaró cabeza de la iglesia en Inglaterra. Durante el reinado de su hijo, Eduardo VI, Inglaterra se convirtió en un país protestante y muchos católicos perdieron la vida. La hija mayor de Enrique, María I, convirtió de nuevo al país al catolicismo, y durante su reinado fueron asesinados muchos protestantes.

Enrique VIII de Inglaterra

Isabel I, fundadora de la Iglesia de Inglaterra.

En 1558 subió al trono la reina Isabel I, quien estableció una iglesia nacional de Inglaterra como solución a los conflictos entre católicos y protestantes.

La Iglesia de Inglaterra, que también se llama anglicana y episcopaliana, tiene ramas en muchos países del mundo en la actualidad. Hay parte de la Iglesia anglicana que sigue la tradición católica, y parte que sigue la tradición protestante.

Los inconformistas

Algunos protestantes se negaron a aceptar las Iglesias establecidas en el norte de Europa y, en el siglo XVII, comenzaron a fundar otras iglesias no conformistas. Estas personas creían que el culto debía ser más sencillo y las iglesias más humildes.

A los primeros protestantes inconformistas de Inglaterra se les llamó puritanos. Uno de los grupos puritanos más importantes fue el de los cuáqueros. Puedes averiguar más información sobre los grupos inconformistas en las páginas 64-67.

Tras proclamar que los monjes y las monjas no llevaban una vida de santidad, Enrique VIII mandó cerrar las abadías y confiscar sus bienes. La abadía de Whitby, como la mayoría de las abadías inglesas, está actualmente en ruinas.

Los Padres Peregrinos

En el siglo XVII la amenaza de persecución llevó a muchos inconformistas a huir de Europa. El grupo más destacado fue el de los Padres Peregrinos, que en 1620 salieron de Plymouth (Inglaterra) en el buque *Mayflower* y se contaron entre los primeros colonos europeos de Norteamérica.

Durante el primer invierno en Norteamérica la mitad de los colonos murió de hambre, pero el resto sobrevivió gracias a la ayuda de los indios norteamericanos. Después de su primera cosecha, los colonos celebraron un banquete para dar gracias a Dios. El día de Acción de Gracias todavía se celebra en Norteamérica en el mes de noviembre.

El metodismo

Uno de los principales grupos procedentes del inconformismo es el de los metodistas. Ahora existen setenta millones de metodistas en el mundo.

El metodismo fue fundado en el siglo XVIII por John Wesley y su hermano Charles. Predicaban al aire libre y convirtieron a muchos trabajadores del campo y de las fábricas. Debe su nombre a los hábitos metódicos de sus adeptos, cuyo objetivo era llevar una vida disciplinada y buscar la reforma social, mediante la educación de los niños y la ayuda a los necesitados.

John Wesley predicando

El *Mayflower II* es una réplica del barco que llevó a los Padres Peregrinos en su viaje de tres meses a Norteamérica.

El ecumenismo

Desde sus comienzos, el cristianismo se ha dividido en muchas ramas diferentes, como las doctrinas católica, ortodoxa y anglicana. El movimiento ecuménico aspira a unificar todos los grupos cristianos en una sola Iglesia universal. Las Iglesias implicadas intentan establecer nuevos vínculos entre las tradiciones cristianas para que se produzca un acercamiento.

Propagación de la fe

Desde los primeros discípulos, los cristianos han seguido el mandato de Jesús de predicar su fe a los demás. Esto significa que el cristianismo ha sido propagado por sus fieles en sus vidas cotidianas, así como por los sacerdotes, misioneros y monjas que han dedicado sus vidas a convertir a los demás.

Las personas dedicadas a propagar su fe en otros países se llaman misioneros. Los misioneros cristianos actuaron sobre todo en África y Asia durante los siglos XVIII y XIX, aunque hoy en día todavía existe una gran actividad misionera cristiana. Además de edificar iglesias, los misioneros suelen ayudar a crear colegios y hospitales.

David Livingstone era un explorador y un misionero cristiano que viajó a África a mediados del XIX para propagar el mensaje cristiano.

Actualmente el cristianismo existe en todos los rincones del mundo. Más de un tercio de la población mundial se considera cristiana y el libro del que se han impreso más ejemplares es la *Biblia*.

┌─ LINKS DE INTERNET ─
- En www.usborne-quicklinks.com/es tienes un enlace a una página con la historia de los Padres Peregrinos y su travesía en el *Mayflower*.
- En www.usborne-quicklinks.com/es hay otro enlace que explica por qué se celebra el día de Acción de Gracias todos los años en EE UU.

Los lugares de culto

Los cristianos tienen que reunirse para rezar con
regularidad, y para eso muchos acuden a una iglesia
o capilla, aunque también se puede rendir culto en
cualquier otro sitio. Muchas iglesias, sobre todo las
ortodoxas y católicas, están muy decoradas, pero las
iglesias y capillas protestantes suelen ser más
sencillas. Una catedral es la iglesia principal
de una región. Las iglesias suelen tener
forma de cruz, como la de la ilustración,
para conmemorar la crucifixión de Jesús.
Las iglesias de Europa occidental
suelen tener el altar en el lado
este, orientado hacia Jerusalén.

Este dibujo representa
una iglesia anglicana.

1. El espacio en
que se cruzan las
naves es el crucero.

2. Las vidrieras
suelen mostrar
escenas de
la *Biblia*.

3. La pila, con
agua para los
bautizos, suele
encontrarse cerca
de la entrada
principal de la
iglesia, en el
lado oeste.

4. La parte principal de la
iglesia, donde se sientan
los fieles, es la nave.

5. El punto central de
la iglesia es el altar, que
consiste en una mesa grande
donde se celebra la ceremonia de
la Eucaristía (ver página 60).

6. La sillería del coro

7. Los sermones
se predican desde
el púlpito.

8. La *Biblia* se
coloca en un atril.

Los sacerdotes

En las Iglesias católica, anglicana y
protestante los oficios religiosos están
a cargo de un sacerdote, que también
puede llamarse cura, párroco, pastor o
capellán. Los sacerdotes, a excepción de
algunos pastores protestantes, llevan
largas túnicas o sotanas, basadas en el
modo de vestir de la época romana
cuando comenzó el cristianismo.

La decoración de muchas iglesias suele representar
historias y personajes de la *Biblia*. La estatua de San
Juan Bautista que se ve a la izquierda se encuentra
en la catedral de York, al norte de Inglaterra.

Los pastores de la Iglesia
anglicana con tradición
protestante visten túnicas
simples o ropa normal.

El obispo es el superior
de una catedral y su
región. Lleva un báculo,
que es como la vara de
un pastor, en señal de
que debe cuidar de su
rebaño, formado por los
fieles de su obispado.

Un obispo
con su
báculo

El culto cristiano

El culto cristiano implica oír lecturas de la *Biblia*, escuchar sermones y alabar a Dios o pedir su ayuda mediante oraciones, himnos y cánticos. El acto de culto principal se celebra el domingo en la iglesia.

El sermón, también llamado homilía, suele predicarlo un sacerdote y por lo general, se basa en un pasaje de la *Biblia*. En algunas iglesias, el sacerdote sube al púlpito, situado en una plataforma elevada, para predicar. Los púlpitos se crearon para que los fieles pudieran ver y oír bien a los sacerdotes.

Los cristianos hablan con Dios mediante la oración. Se puede rezar en voz alta o en silencio, tanto con otras personas como a solas. Una oración puede ser cualquier cosa que queramos decir a Dios, pero a menudo se reza para alabar a Dios o pedir su ayuda o su perdón.

Los himnos son canciones sagradas de alabanza o adoración a Dios. Originalmente se cantaban en griego o latín, pero desde la Reforma (ver página 55) suelen cantarse en el idioma local, por ejemplo en francés si estamos en Francia. Los himnos forman parte importante del culto en muchas iglesias.

Monjes y monjas

Son hombres y mujeres que han pronunciado el voto solemne de dedicar toda su vida a Dios, casi siempre enseñando, cuidando a los enfermos y necesitados o mediante la oración. Viven en comunidades llamadas monasterios o conventos y han prometido renunciar a toda posesión, alejarse de la familia y los amigos y obedecer al superior de su comunidad.

LINK DE INTERNET

• En **www.usborne-quicklinks.com/es** tienes un enlace a una página donde podrás hacer una visita virtual a cinco catedrales españolas. Para empezar, haz clic en "templos" y escoge una.

Los fieles que se reúnen para los servicios religiosos forman una congregación. En la ilustración se ve una congregación en la nave de la catedral de Durham, construida en el siglo XII en el norte de Inglaterra.

La Eucaristía

La ceremonia principal en muchas Iglesias es la Eucaristía, que significa 'dar gracias'. Es una representación de la Última Cena (ver página 51) en la que los cristianos toman un pedacito de pan o una hostia y beben un sorbo de vino.

El pan y el vino

Para muchos cristianos el pan o la hostia representa el cuerpo de Jesucristo, y el vino su sangre. Esto recuerda que Jesús dio su vida para que el hombre pudiera establecer una nueva y más íntima relación con Dios.

Un arzobispo ruso ortodoxo sostiene una cruz ortodoxa de tres travesaños mientras bendice el pan durante la misa. Éste es el momento más sagrado de la Eucaristía.

Esta ceremonia tiene significados y nombres distintos en las diferentes ramas de la Iglesia. En general, se llama misa en la Iglesia católica, sagrada comunión en la anglicana y divina liturgia en la ortodoxa. Los protestantes suelen llamarla la partición del pan o la cena del Señor.

El bautismo

Las personas entran en el cristianismo mediante la ceremonia del bautismo (ver página 49). En algunas tradiciones, el bautismo consiste en verter un poco de agua sobre la cabeza, en lugar de sumergir por completo al creyente. Hay Iglesias que sólo bautizan a los adultos, pero la mayoría bautiza a los niños al poco de nacer.

En algunas iglesias el bautismo tiene lugar en una pila como ésta.

Los padres eligen a los padrinos del niño, que suelen ser amigos o parientes cercanos, y durante la ceremonia los padres y los padrinos prometen educar al niño como cristiano. En el bautismo infantil, el niño recibe oficialmente su nombre cristiano o "de pila".

La confirmación

Mediante esta ceremonia, la persona se convierte en un miembro adulto de su Iglesia, confirmando las promesas que se hicieron en su nombre en el bautismo.

Una ceremonia de confirmación

Durante la ceremonia el obispo de la región pone sus manos sobre la cabeza del creyente para 'confirmar' que el Espíritu Santo lo ayudará a llevar una vida cristiana. La edad de la confirmación varía según las distintas Iglesias.

El matrimonio

Las bodas cristianas suelen celebrarse en una iglesia. Antes de la ceremonia, se hacen las amonestaciones, que consisten en anunciar los detalles de la boda públicamente. Es una tradición que data de la época medieval y se introdujo a fin de impedir que se casaran personas de parentesco cercano o cualquiera que ya estuviera comprometido a casarse con otra persona.

En la ceremonia, un sacerdote, que actúa como representante de Dios, une a la pareja como marido y mujer, y los novios pronuncian el solemne voto de amarse y cuidarse el uno al otro. Los cristianos creen que los votos son sagrados porque se hacen delante de la familia y los amigos, pero sobre todo en presencia de Dios. A veces se rezan oraciones o se leen pasajes de la *Biblia*.

El matrimonio cristiano es un compromiso de por vida, lo cual se simboliza al entregar y recibir un anillo. En algunos servicios, después del intercambio de votos y anillos la pareja comparte el pan y el vino (ver "la Eucaristía" en la página anterior).

Las bodas cristianas suelen celebrarse en una iglesia bajo la dirección de un sacerdote. La familia y los amigos son testigos de la ceremonia.

La ordenación sacerdotal

Ésta es la ceremonia mediante la cual un cristiano se convierte en sacerdote o equivalente, dependiendo del tipo de Iglesia. También se celebra a veces cuando se asciende a un sacerdote a un rango más alto, como el de obispo.

Una *Biblia* puede ser un regalo de ordenación.

Durante la ordenación sacerdotal el celebrante pone sus manos en la cabeza del aspirante. El ritual se basa en una tradición judía para la ordenación de los rabinos (maestros de la fe) que se realiza mediante la imposición de manos.

El círculo completo de estos anillos indica que el matrimonio es para toda la vida.

La santa unción

En la Iglesia católica, la santa unción o extremaunción es un rito que realiza el sacerdote. Consiste en administrar los santos óleos a un enfermo grave o a un moribundo. También se recitan oraciones y se dicen palabras de consuelo, con el fin de obtener un efecto espiritual y, a veces para estimular la curación física del enfermo.

La muerte

Los ritos funerarios dependen de las creencias particulares sobre el más allá.

Los cristianos ortodoxos, por ejemplo, entierran los cadáveres, pero no los incineran porque creen que el cuerpo tiene que estar entero para poder resucitar el día del Juicio Final (ver página 53).

Otros cristianos creen que la destrucción del cadáver no impide que el alma vuelva a la vida para ser juzgada, y por tanto dejan que sea la familia del difunto la que decida entre el entierro o la incineración.

LINKS DE INTERNET
• En www.usborne-quicklinks.com/es tienes un enlace a una página donde podrás aprender sobre los siete sacramentos de la Iglesia católica.
• En www.usborne-quicklinks.com/es hay una página con juegos divertidos: rompecabezas, un cuestionario sobre la religión católica, crucigramas y más.

Festividades cristianas

A lo largo del año se celebran diversas festividades cristianas, casi siempre basadas en sucesos de la vida de Jesús, como la Navidad y la Pascua. Las Iglesias occidental y ortodoxa emplean distintos calendarios, de modo que no celebran estas fiestas en las mismas fechas.

Adviento

El adviento, que significa 'venida' o 'acercamiento', empieza cuatro domingos antes de la Natividad y señala el comienzo del año en la Iglesia cristiana. Los cristianos dedican este tiempo a prepararse para la Natividad, que es el aniversario del nacimiento de Jesús en Belén.

En las iglesias y capillas cristianas, se enciende una vela cada uno de los domingos de adviento y, a veces, los niños también tienen calendarios o velas de adviento para ir contando los días que faltan para la Navidad.

Navidad

Velas de adviento

La Navidad, que significa 'natividad' o 'nacimiento', es la celebración del nacimiento de Jesús. Aunque no se conoce con exactitud la fecha de este suceso, la fiesta se celebra en Occidente el 25 de diciembre.

Misa de Navidad en una iglesia de Alsacia, en Francia. La figura de Cristo en la cruz se alza sobre la congregación.

Esta fecha fue elegida por el emperador Constantino para hacerla coincidir con una fiesta romana dedicada al Sol. Muchos lo consideran muy apropiado, puesto que a Jesús se le llama a veces la Luz del Mundo. En la Iglesia ortodoxa, que utiliza un calendario distinto, la Navidad es el 6 de enero.

En Navidad se lee en la iglesia la historia del nacimiento de Jesús y se cantan villancicos, que son canciones sobre la Natividad. A veces también se exponen símbolos del nacimiento, como figurillas de la sagrada familia, pastores y ángeles.

Cuaresma

Es el período antes de la Pascua en el que los cristianos recuerdan sus pecados. Solía ser un tiempo de ayuno, pero hoy en día es más usual intentar renunciar a algo que nos guste. La cuaresma conmemora los 40 días y 40 noches que Jesús pasó ayunando y rezando en el desierto.

Antes de que empiece la cuaresma, se celebra un día de fiesta llamado Martes de Carnaval, Mardi Gras o Día de la Torta. En muchos países se hacen cabalgatas o desfiles con disfraces, canciones y danzas, en otros se preparan tortas o panqueques. Esto se hacía tradicionalmente para terminar con la comida antes de que comenzara el ayuno.

El primer día de cuaresma, que es el Miércoles de Ceniza, algunos cristianos van a la iglesia a recibir una marca de ceniza en la frente. Es una señal de humildad ante Dios y un símbolo de la pena y el dolor que causan los pecados.

La ceniza proviene de la quema de cruces de palma, como la de la ilustración, utilizadas el Domingo de Ramos del año anterior.

El domingo antes de Pascua, llamado Domingo de Ramos, muchos cristianos llevan una cruz hecha de hojas de palmera, en conmemoración de la entrada de Jesús en Jerusalén, donde la gente le recibió agitando hojas de palmera.

Semana Santa y Pascua

El Domingo de Ramos marca el inicio de la Semana Santa, durante la que se conmemoran los sucesos desde la llegada de Jesús a Jerusalén hasta su resurrección, el día de Pascua. El Viernes Santo se recuerda la muerte de Jesús, porque los cristianos creen que se dejó crucificar por el bien de todos los hombres en un acto de suprema bondad.

La Pascua es la festividad cristiana más importante, durante la que se celebran varios servicios religiosos especiales. Coincide con un antiguo festival precristiano de primavera, del que recibe su nombre.

Este hombre participa en una procesión de Semana Santa en Sevilla, España. Pertenece a una cofradía católica cuyos miembros rezan y ayunan por el bien de toda la comunidad. La capucha de estilo medieval oculta su rostro, porque la *Biblia* dice que no debemos presumir de nuestro ayuno o nuestra oración.

Otras festividades

Existen otros sucesos importantes que también se celebran con servicios religiosos, como la Ascensión, que conmemora la subida de Jesús al cielo, o la Pascua de Pentecostés, siete domingos después de Pascua.

Pentecostés celebra el momento en el que el Espíritu Santo descendió sobre los discípulos en forma de lenguas de fuego, 50 días después de la resurrección de Jesús. Antiguamente, existía la tradición de bautizar a los cristianos el día de Pentecostés vestidos con ropas blancas en señal de pureza.

La madre de Jesús

Todos los cristianos respetan a María porque es la madre de Jesús, elegida por Dios, pero en la Iglesia católica y en la ortodoxa, se le concede una importancia especial. Estos cristianos rezan a la Virgen María para que interceda por ellos ante su hijo. Además, conmemoran la Anunciación –el anuncio que le hizo el arcángel Gabriel– y otros eventos de su vida.

En muchas iglesias católicas y ortodoxas las estatuas de la Virgen se decoran con flores en las fiestas que celebran momentos de su vida.

Los santos

Las Iglesias católica y ortodoxa canonizan (declaran santa) a la persona que ha llevado una vida especialmente cristiana y virtuosa. En cada día del año se conmemora la festividad de un santo –que suele ser la fecha de su muerte– y algunas de las festividades se celebran con procesiones o servicios religiosos especiales.

Además de celebrar el día de su cumpleaños, los cristianos celebran el día de su santo, es decir la festividad del santo cuyo nombre les fue impuesto el día del bautismo.

LINKS DE INTERNET
• En **www.usborne-quicklinks.com/es** tienes un enlace a una página sobre la significación de la Semana Santa.

LOS INCONFORMISTAS

✝ Casi todos los grupos citados en estas páginas surgieron del movimiento protestante inconformista en el cristianismo (ver página 56). Algunos cuentan con decenas de millones de fieles. Los hay que no se consideran cristianos y otros que no son considerados cristianos por los demás.

El diseño de esta iglesia luterana de Islandia refleja el estilo sencillo del culto luterano.

Los baptistas

La primera Iglesia baptista de Gran Bretaña data de principios del siglo XVII. Los fieles se apartaron de la Iglesia anglicana porque creían que Jesús, y no el rey, era la cabeza de su Iglesia. Hoy en dia, los baptistas constituyen uno de los mayores grupos protestantes, con cuarenta millones de miembros en el mundo.

Como sucede en la mayoría de los bautizos baptistas, a esta mujer se la sumerge en el agua tumbada de espaldas, que es la postura de un cadáver en el ataúd, para indicar que deja atrás su pasado. Al salir del agua, se alza simbólicamente de entre los muertos a una nueva vida, igual que Jesús.

Los baptistas dan especial importancia a las enseñanzas de la *Biblia* así como a la fe personal en Jesús. Sólo se bautiza la gente que tiene fe, y no los niños que son demasiado pequeños para comprender el significado de la ceremonia. Esto se llama Bautizo de los Creyentes, y se realiza con la inmersión completa en el agua.

Los cientistas

Mary Baker Eddy descubrió la aplicación de la ciencia según la doctrina cristiana en 1866. En 1879 fundó una Iglesia en Norteamérica para predicar el poder curativo de Dios según lo demostró Jesús. En su libro *Ciencia y salud con clave de las escrituras*, la autora enseña a interpretar las leyes de Dios para sanar cualquier condición o situación humana.

Curad enfermos, resucitad muertos, purificad leprosos, expulsad demonios. Dad en abundancia aquello que habéis recibido en abundancia.
Evangelio de San Mateo

La Iglesia de Cristo

Los miembros de la Iglesia de Cristo siguen estrictamente las enseñanzas contenidas en el *Nuevo Testamento* (ver página 52) y rechazan cualquier otro credo o tradición. La Iglesia de Cristo existe en más de 170 países, pero las congregaciones más numerosas se encuentran en EEUU, África y la India.

Los congregacionalistas

Cada Iglesia congregacionalista es independiente y tiene autonomía (órganos de gobierno propios). Por este motivo, las creencias varían de una Iglesia congregacionalista a otra, y también varían las creencias de los fieles, quienes deciden su propia fe y desarrollan su propia relación directa con Dios. El movimiento surgió en el siglo XVI y hoy en día tiene gran popularidad en EEUU, Europa del Este y Gran Bretaña.

El Movimiento de santidad

Existen muchas clases de Iglesias en este movimiento, pero todas se esfuerzan por lograr una vida santa siguiendo las enseñanzas de Jesús. Se rechazan los valores materialistas de la sociedad moderna y se da especial importancia a la vida espiritual. El grupo más numeroso de este movimiento es la Iglesia del Nazareno.

Vosotros, pues, sed perfectos como es perfecto vuestro Padre celestial.
Evangelio de San Mateo

La segunda venida

En la *Biblia* se habla de un tiempo en el que Cristo vendrá de nuevo para celebrar el día del Juicio Final, en el que tanto los vivos como los muertos serán juzgados por sus acciones y su fe, y se establecerá en la Tierra el reino de Dios. Algunos cristianos creen que entonces los buenos irán al cielo y los malos al infierno, aunque muchos sostienen que el reino de Dios será para todos los cristianos o incluso para toda la humanidad.

Los testigos de Jehová

Jehová es el nombre que recibe Dios en el *Antiguo Testamento* (ver página 52). La historia moderna de los testigos de Jehová, en la que destaca la figura de Charles Taze Russell, comenzó en Norteamérica en la década de 1870.

Los testigos de Jehová predican que pronto vendrá Jesús para reinar sobre los hombres durante mil años y salvar a millones de personas. Creen que su deber cristiano es ir predicando esta buena nueva de casa en casa.

Los creyentes siguen el estricto código moral de la *Biblia*, no aceptan la Trinidad (ver página 54) y piensan que la suya es la religión auténtica. Se reúnen en locales llamados Salas del Reino.

Se proclamará esta Buena Nueva del Reino en el mundo entero, para dar testimonio a todas las naciones. Y entonces vendrá el fin.
Evangelio de San Mateo

Los luteranos

La Iglesia luterana está basada en las ideas de Martín Lutero (ver página 55). Cuenta con muchos miembros en todo el mundo y es la Iglesia oficial en Alemania y la mayoría de los países escandinavos. Los luteranos quieren lograr la unidad entre todos los grupos cristianos y consideran un deber cristiano la protección de los derechos humanos.

Los menonitas

El movimiento menonita, que cuenta con más de un millón de miembros en el mundo, se originó en la Reforma del siglo XVI (ver página 55). El nombre procede del reformador holandés Menno Simons y sus normas son parecidas a las de los baptistas. Siguen a Jesús y dan especial importancia a la no violencia.

Suele creerse que los menonitas rechazan la tecnología porque la consideran malvada y prefieren viajar a caballo o en carreta, como se ve en la ilustración, pero en realidad esto sólo es cierto de unos cuantos miembros del movimiento.

Los metodistas
Ver página 57.

LINKS DE INTERNET

• En **www.usborne-quicklinks.com/es** hay un enlace a una página donde encontrarás información más detallada sobre los testigos de Jehová.

• En **www.usborne-quicklinks.com/es** tienes un enlace a un artículo con fotos sobre la colonia menonita de la Pampa argentina.

• En **www.usborne-quicklinks.com/es** encontrarás el enlace a un índice alfabético de artículos sobre temas religiosos, entre los que se incluyen grupos inconformistas: haz clic en "baptistas", "cientistas", "discípulos de Cristo", "congregacionales", "testigos de Jehová", "luteranos" y "menonitas".

Los mormones

La Iglesia de Jesucristo de los Santos del Último Día se fundó en Norteamérica en 1830, cuando Joseph Smith publicó el *Libro de Mormón: otro testamento de Jesucristo*. Para los mormones, el libro es un documento religioso de antiguas civilizaciones norteamericanas y sugiere que Norteamérica será uno de los dos lugares (el otro es Jerusalén) desde el que Cristo reinará cuando vuelva a la Tierra. Los miembros de esta Iglesia consideran el libro como un complemento a la *Biblia*.

La organización de la Iglesia mormónica se basa en la de la Iglesia cristiana original (ver página 54). Los mormones eligen a doce hombres como apóstoles y a un profeta como cabeza de su Iglesia. Las revelaciones que hace el profeta se van añadiendo a la lista de escrituras reconocidas.

En esta Iglesia sólo se bautiza a los niños mayores de ocho años, porque ya tienen edad suficiente para ser responsables de sus actos. Los fieles pueden también bautizarse en nombre de sus antepasados muertos. Creen que el matrimonio es muy importante y, si se celebra en un templo, puede durar toda la eternidad.

Las bodas, bautismos y otras ceremonias mormónicas se celebran en templos como éste de La Jolla en California, EEUU. Para el culto cotidiano los mormones acuden a su capilla local. Muchos templos están terminados en piedra blanca como símbolo de pureza.

La Iglesia de Pentecostés

El movimiento pentecostal surgió en Norteamérica a principios del siglo XX y es actualmente la rama del cristianismo de mayor crecimiento. Sus miembros dan una importancia especial al día de Pentecostés (ver página 63) y a las obras del Espíritu Santo. Creen que el Espíritu Santo confirió a los discípulos la capacidad de 'hablar lenguas', es decir, otros idiomas además del propio.

El Espíritu Santo y los discípulos en Pentecostés.

El culto es exaltado y espontáneo, dependiendo del efecto que tenga el Espíritu Santo en cada persona, y ha influenciado a muchos otros movimientos religiosos. Los pentecostalistas suelen 'hablar en lenguas' y contar experiencias que les han cambiado la vida. Creen en el poder curativo del Espíritu Santo y, por haber recibido el 'carisma' o don de Dios para que obren en beneficio de todos, se les llama también 'carismáticos'.

Llenos del Espíritu Santo, empezaron a hablar en diversas lenguas la palabra que el Espíritu ponía en su boca.
Nuevo Testamento (Hechos de los Apóstoles)

Los presbiterianos

El presbiterianismo, una de las Iglesias protestantes, se basa en las ideas de Juan Calvino (ver página 55) y existe sobre todo en los Países Bajos, Escocia, EEUU y Corea. La Iglesia de Escocia es presbiteriana.

Los cuáqueros

El nombre correcto de este grupo es Sociedad Religiosa de Amigos, fundada en Inglaterra en el siglo XVII por George Fox. La palabra cuáquero proviene del inglés 'quake' (temblor), término usado por Fox en un sermón, en el que dijo que había que temblar ante la palabra de Dios.

Los cuáqueros creen que cada persona tiene una relación directa con Dios. En su religión no existen los sacerdotes ni los rituales. El culto se celebra en silencio en las Casas de Reunión, hasta que el Espíritu Santo mueve a alguien a tomar la palabra. Llaman 'luz interior' a su percepción de Dios en el alma, son pacifistas y hacen obras de caridad.

> *Pues todos vosotros sois hijos de luz e hijos del día.*
> Nuevo Testamento (Tesalonicenses)

Los adventistas del Séptimo Día

Los adventistas creen que el segundo advenimiento o venida de Cristo a la Tierra (ver página 65) está muy próximo. Celebran el culto religioso durante el Sabbath, desde el atardecer del viernes hasta el del sábado. Siguen las enseñanzas de la *Biblia* y se guían por los escritos de Ellen White, uno de los miembros fundadores.

Los miembros del Ejército de Salvación se reconocen fácilmente por sus uniformes y bandas de música. Este grupo celebra un servicio al aire libre en Rusia.

El Ejército de Salvación

El Ejército de Salvación es una rama de la Iglesia cristiana que opera en 108 países del mundo. Fue fundado en 1865 por William Booth, que se creyó llamado a luchar contra la pobreza y la injusticia social, atendiendo a las necesidades tanto físicas como espirituales de la gente. El Ejército de Salvación, en su obra social, proporciona refugios para los que viven en la calle, asilos de ancianos, colegios, hospitales, apoyo a las comunidades y familias, y servicios para alcohólicos y drogadictos.

Los unitarios

Los unitarios predican la razón, la tolerancia, los derechos humanos y la comprensión entre distintos credos. No todos se consideran cristianos. Les parece más creíble la idea de la unidad de Dios que la de la Trinidad (ver página 54) y consideran a Jesús sólo humano.

> *Pedimos por igual a todos que piensen, no que piensen igual.*
> Iglesia Unitaria

La Iglesia unida reformada

La Iglesia unida reformada, formada en 1972 en Gran Bretaña, une a los miembros de tres de las tradiciones que surgieron de la Reforma (ver página 55): presbiterianos, Iglesias de Cristo y congregacionalistas.

Los evangélicos

El término suele referirse a protestantes que se convirtieron al cristianismo después de alguna experiencia intensa. Evangélico, como evangelista, significa 'mensajero de buenas noticias'. Los evangélicos ponen un gran esfuerzo en convertir a los demás y subrayan la importancia de la *Biblia* y la fe personal en Jesús más que la de los rituales de la Iglesia.

LINKS DE INTERNET
• En www.usborne-quicklinks.com/es hay un enlace a la página de la Iglesia de Jesucristo de los Santos del Último Día, con su historia y más información sobre el movimiento.
• En www.usborne-quicklinks.com/es hay un enlace con más información sobre la historia del Ejército de Salvación.

EL ISLAM

Islam significa obediencia a la voluntad de Alá (Dios) y los seguidores del islamismo son musulmanes, palabra que significa 'los obedientes'. Según esta religión, a principios del siglo VII E.C. Dios reveló su mensaje a Mahoma, más tarde llamado el Profeta y el Mensajero de Alá. Hoy en día hay unos mil millones de musulmanes en el mundo, principalmente en Oriente Próximo, norte de África y partes de Asia.

Este niño musulmán está leyendo el *Corán*. Los musulmanes creen que contiene la palabra de Dios tal como se la reveló a Mahoma.

La vida de Mahoma

Mahoma nació alrededor del año 570 E.C. en La Meca, en lo que hoy es Arabia Saudí. Se crió con un tío suyo y fue camellero, mercader, esposo y padre. Era un hombre tan respetado en la comunidad que le apodaron Al Amin, el 'digno de confianza'.

Pero Mahoma no era del todo feliz. No estaba de acuerdo con la anarquía de sus compatriotas ni con el culto que rendían a numerosos dioses. La creencia en un Dios, tal como la había predicado Abraham (ver página 25) se había extendido con anterioridad en Arabia, pero luego se había abandonado.

La palabra de Dios

Mahoma solía ir a las montañas a rezar y reflexionar. A los 40 años de edad, estando en una cueva del monte Nur, cerca de La Meca, Dios le habló por primera vez a través del arcángel Jibril (Gabriel). Jibril le mandó decir a la gente de La Meca que se apartaran de sus dioses y veneraran a Alá, el único Dios verdadero (Alá significa 'dios' en árabe).

Mahoma siguió recibiendo mensajes de Dios a través de Jibril durante toda su vida. Más tarde estos mensajes fueron escritos en los libros sagrados musulmanes.

En esta pintura persa del siglo XVI aparece Mahoma recibiendo la visita de hombres santos y un arcángel. La cara del Profeta está oculta, de acuerdo con la tradición artística islámica.

La huida

Mahoma empezó a predicar en La Meca su mensaje principal: "No existe más Dios que Alá". El número de sus seguidores fue creciendo, y los líderes políticos, temerosos de la popularidad y el poder que estaba consiguiendo, comenzaron a conspirar contra él. En el 622, Mahoma y los suyos consiguieron huir a la ciudad que ahora se llama Medina (ciudad del Profeta) gracias al socorro de Alá.

Mahoma y su amigo, Abu Bakr, se escondieron en una cueva al oír acercarse a los soldados. Abu Bakr tenía miedo, pero Mahoma le dijo que Alá los salvaría.

Un soldado se acercó a la cueva, pero se detuvo al ver una enorme telaraña que tapaba la entrada.

"Aquí no están", gritó a sus hombres. "No han podido entrar sin romper la telaraña".

Entonces los soldados dieron media vuelta y se marcharon, y Mahoma quedó a salvo.

— Mar Mediterráneo

● Medina
● La Meca
ARABIA
Mar Rojo
ÁFRICA

● Lugares importantes en la vida de Mahoma

La huida de La Meca a Medina se llama la *Hégira*, un suceso tan importante que es el punto de partida del calendario musulmán, según el cual, estamos ahora en el siglo XV de la era musulmana. En Medina, el movimiento de Mahoma cobró más fuerza y finalmente, en el año 629, los musulmanes conquistaron La Meca. Mahoma fue aceptado como profeta de Dios y respetado como líder religioso y como hombre de estado.

La muerte de Mahoma

Cuando falleció Mahoma en el 632, Abu Bakr tuvo que anunciarlo porque algunos de sus seguidores no creían que hubiera dejado de existir. Les dijo: "Quienes adoráis a Mahoma debéis aceptar que Mahoma ha muerto. Quienes adoráis a Alá, sabéis que Alá vive y nunca morirá".

Esto muestra la actitud de los musulmanes hacia Mahoma. No lo adoran, pero le tienen un gran respeto por ser el mensajero de Alá. Por esto, cada vez que un musulmán escribe o pronuncia el nombre de Mahoma, añade también "que la paz sea con él".

LINKS DE INTERNET
● En www.usborne-quicklinks.com/es tienes un enlace a una página donde podrás leer una introducción a la historia del Islam y conocer más detalles sobre la vida de Mahoma y sus revelaciones.

Citas islámicas

Aquí hay unas cuantas citas del Islam, con los nombres de sus autores o las escrituras de las que han sido tomadas.

En todo el universo de la creación no existe nada que sea lo mismo o lo contrario que Dios. Dios es Exaltado por encima de todas las formas y por tanto inmune y libre de toda forma.

Ibrahim Haqqi

El bien que te alcanza procede de Dios. El mal que te aflige procede de ti.

El Corán

Hay tres cosas que no se pueden recuperar:
La flecha cuando la dispara el arco.
Las palabras dichas con apresuramiento.
La oportunidad perdida.

Alí, califa del Islam

El mejor Islam consiste en dar de comer al hambriento y saludar a quienes conocemos así como a los que no conocemos.

Mahoma

Confía en Dios, pero ata tu camello.
Mahoma

Ninguno será un creyente hasta que desee para su hermano lo que desea para sí.

Mahoma

¿Qué acciones son mejores? Alegrar el corazón de los seres humanos, dar de comer al hambriento, ayudar al afligido, calmar la pena del que sufre y eliminar el dolor de los heridos.
Mahoma

Creo en Alá, sus Ángeles, sus Libros, sus Mensajeros, el Último Día. Creo que todo lo bueno o lo malo lo decide Alá el Todopoderoso y creo en la vida después de la muerte.

Credo de la fe islámica

Escrituras sagradas

El *Corán* es el libro sagrado islámico. Se cree que Alá reveló su palabra a Mahoma durante los últimos 22 años de su vida, de modo que el autor del *Corán* no es Mahoma sino Alá. Al principio las revelaciones se memorizaban y se transmitían oralmente, pero no tardaron en escribirse, aunque no se reunieron en un solo libro hasta después de la muerte del profeta.

El *Corán* está escrito en árabe. Algunas páginas están muy adornadas con ilustraciones florales.

Puesto que el *Corán* se considera la palabra de Alá, muchos musulmanes aprenden a leerlo en el árabe original, aunque no sea su propia lengua. Todos los días leen algún pasaje, y antes de tocarlo se suelen lavar en señal de respeto.

El conjunto de palabras y hechos de Mahoma es la *sunna*, recopilada a partir de escritos llamados *hadices*, que ayudan a interpretar el *Corán* y sirven de guía para el culto, la fe y el comportamiento.

Esta niña obedece las enseñanzas del *Corán*, según las cuales hay que rezar cinco veces al día.

Las creencias

Existen siete creencias básicas en el islamismo. Los musulmanes creen en Alá (el único Dios), los ángeles, los libros sagrados, los profetas (ver más abajo), el Día del Juicio, la vida después de la muerte y la idea de que Dios controla todo lo que sucede.

Las creencias del Islam se pueden escribir en caligrafía árabe de modo que formen dibujos como éste del Barco de la Vida.

Los profetas

Los musulmanes creen en los profetas del *Tanakh* y la *Biblia*, como Adán, Ibrahim (Abraham), Musa (Moisés) y Dawud (David). Piensan que Jesús, a quien llaman Isa, fue un profeta importante pero, a diferencia de los cristianos, no creen que fuera el hijo de Dios. Mahoma es, según ellos, el último de los profetas, el que recibió el mensaje final y más perfecto de Dios.

El islamismo enseña que muchos de estos profetas también recibieron mensajes de Dios pero, aunque estos mensajes fueron escritos, rechaza que existan todavía en su forma original. Los musulmanes llaman a los judíos y cristianos "pueblos del Libro", por respeto a su creencia en el *Tanakh* y la *Biblia*.

Ha colocado la alfombra de oración de cara a la Kaaba en La Meca.

El Día del Juicio

Según los musulmanes, después de la muerte llegará el Día del Juicio, cuando se pesarán las acciones de toda persona. Aquéllos cuyas buenas acciones pesen más que las malas, podrán cruzar un estrecho camino por el infierno hasta llegar al paraíso.

La voluntad de Alá

El *Corán* enseña que Dios controla todo lo que sucede. Esto va unido a la idea de obediencia, por lo que los musulmanes intentan cumplir la voluntad de Alá, más que seguir un camino individual en la vida.

Los cinco pilares del Islam

Los cinco pilares indican cómo poner en práctica la fe islámica en la vida cotidiana.

1. *Chahada*
Es la declaración de fe, que se repite varias veces al día: "No existe más Dios que Alá y Mahoma es su profeta".

2. *Salat*
Son las cinco oraciones diarias que se deben recitar en árabe al amanecer, después del mediodía, a media tarde, justo después del atardecer y cuando ha anochecido. Los creyentes pueden decir estas oraciones en cualquier lugar, y consisten principalmente en versos del *Corán*, alabanzas a Alá y peticiones de ayuda.

3. *Zekat*
Es el deber que tiene todo musulmán de dar todos los años por lo menos el 2,5% de sus ingresos a los pobres.

Esta pintura muestra una escena del *Hadj*. La caja negra del centro es la Kaaba. A su alrededor hay una multitud de peregrinos.

4. *Savn*
Significa ayuno. Durante el noveno mes islámico, el ramadán, los musulmanes no comen ni beben durante las horas de luz porque, según indica el *Corán*, esto les ayuda a hacerse más conscientes de Alá. El ramadán es una época para estudiar el *Corán*, ejercer el dominio sobre uno mismo y cuidar de los demás.

5. *Hadj*
Es la peregrinación a La Meca, que incluye la visita a la Kaaba, un lugar de culto que según se cree fue construido por Ibrahim e Ismael, uno de sus hijos.

La Kaaba había caído en desuso, pero Mahoma la restituyó al culto de Alá. El *Hadj* tiene lugar durante el duodécimo mes islámico. Nadie puede hacer el *Hadj* sin asegurarse de que su familia tiene medios para vivir durante su ausencia. Para entrar en La Meca y como señal de igualdad, los hombres se visten de blanco. Los pobres no están obligados al *Hadj* y tampoco los ancianos ni los enfermos.

LINK DE INTERNET
• En **www.usborne-quicklinks.com/es** tienes un enlace a una página con información sobre los cinco pilares del Islam, donde también podrás encontrar más información sobre el islamismo.

La propagación del islamismo

Después de la muerte de Mahoma, su amigo Abu Bakr fue nombrado califa, palabra que significa 'sucesor'. Le siguieron otros califas que fueron los gobernantes del pueblo musulmán.

Los califas lucharon en muchas guerras, tanto para defender el islamismo como para propagarlo. Cuando conquistaban un país, dejaban que los habitantes practicaran su religión, pero los obligaban a pagar más impuestos para quedar exentos del *sakat* (ver página 71) y del servicio militar.

En el 661 la capital islámica se trasladó de La Meca, en Damasco, a Siria. En el 750 volvió a trasladarse, esta vez a Bagdad, en Irak, donde permanecería los siguientes 500 años.

En el siglo VIII los musulmanes invadieron la península Ibérica (España y Portugal). Aunque los cristianos se unieron para luchar contra la ocupación, la reconquista total no se logró hasta finales del siglo XV.

ESPAÑA

NORTE DE ÁFRICA

Mar Mediterráneo

Damasco

Bagdad

La Meca

ARABIA

Mar arábigo

Propagación del islamismo en vida de Mahoma

Área conquistada por los 4 primeros califas (632-661)

Área conquistada entre 661 y 750

Este mapa muestra la expansión del Islam en poco más de 100 años después de la muerte de Mahoma.

La ciencia árabe

Además de propagar la fe islámica, los musulmanes contribuyeron mucho al desarrollo y difusión de las artes y las ciencias, sobre todo las matemáticas, la medicina y la astronomía, que florecieron en el mundo árabe especialmente entre los años 900 y 1200.

Los arquitectos árabes diseñaron arcos de dos alturas para elevar el techo de su Gran Mezquita en Córdoba, España.

Ya en el siglo X, la ciudad española de Córdoba tenía nada menos que setenta bibliotecas. En Bagdad, el califa mandó construir una gran biblioteca, llamada la 'casa de la sabiduría', para conservar un ejemplar de cada libro que se escribiera en el mundo.

Los eruditos musulmanes introdujeron en Europa muchas de las obras e ideas de los antiguos griegos y persas, y sustituyeron el tosco sistema numeral romano por los números árabes. También adoptaron el sistema decimal para escribir los números en decenas, centenas, millares, etc., así como el concepto de cero procedente de la India.

En el apogeo de la ciencia árabe, un libro sobre ruedas hidráulica describía una máquina de movimiento perpetuo, como ésta.

El número árabe 7 y su equivalente romano empleado previamente.

$$7 = VII$$

Las cúpulas y minaretes (torres) de este paisaje de Estambul son rasgos típicos de la arquitectura islámica.

Los imperios islámicos posteriores

En los siglos XVI y XVII existían tres poderosos imperios islámicos, famosos por el esplendor de sus cortes. El imperio otomano o turco, que surgió en lo que ahora es Turquía, fue el que duró más tiempo, desde el siglo XIV hasta 1923. A finales del siglo XV los musulmanes habían conquistado casi todo el mundo bizantino cristiano, incluyendo Constantinopla, ciudad que ellos llamaron Estambul.

Los sunnitas y los chiitas

En el Islam existen dos ramas principales, la sunnita y la chiita, que se formaron poco después de la muerte de Mahoma, al estallar una disputa sobre su sucesión. Un grupo, que más tarde sería el de los sunnitas, consideraba como sucesor legítimo de Mahoma a Abu Bakr. Otro, que llegaría a ser el de los chiitas, consideraba que el sucesor debía ser Alí, el cuarto califa, primo y yerno de Mahoma.

Este mapa muestra las áreas de los tres imperios islámicos.

El 90% de los musulmanes son sunnitas. 'Sunni' significa 'el camino mostrado por Mahoma'. El islamismo chiita domina en Irán y existe en muchos otros países musulmanes, incluidos el sur de Irak, Líbano y Bahrein.

Sunnitas y chiitas comparten puntos de vista sobre el *Corán*, Mahoma, Dios y el culto, pero se distinguen a la hora de poner en práctica las enseñanzas del Islam. Además, los chiitas dan especial importancia a la virtud de sufrir por su fe y consideran mártir a Hussein, el hijo de Ali, que fue asesinado en una lucha política.

El edificio de la izquierda es la mezquita Sultanahmet, un lugar de culto construido en el siglo XVII.

El sufismo

Un pequeño grupo de musulmanes llamados sufíes aspira a una relación personal con Dios y a obtener de él directamente el conocimiento interior. Este enfoque del islamismo, llamado sufismo, surgió alrededor del año 800 E.C. Los sufíes provienen de las tradiciones sunnita y chiita, aunque algunos sunnitas consideran que el sufismo no es una práctica islámica aceptable. El culto sufí incluye música, cantos, danzas y meditación, porque los sufíes creen que esto los ayuda a acercarse a Dios.

Algunos miembros de un pequeño grupo de sufíes en Turquía se han hecho famosos por una danza ritual llamada *sema*, en la que giran con gran energía. Los bailarines son los derviches, que significa 'mendigo errante'. De hecho los primeros sufíes eran santos errantes que no tenían posesiones.

LINK DE INTERNET
• En www.usborne-quicklinks.com/es tienes un enlace a una página con una entrevista a los bailarines derviches.

Los lugares de culto

Los musulmanes se reúnen en las mezquitas para rezar. En árabe 'mezquita' se dice *masjid*, que significa 'lugar de postración'. Además de una sala principal de oración, en las mezquitas hay salas para estudiar y para dar clase a los niños. Muchas tienen un patio con fuentes para las abluciones, que son los lavados rituales.

La estrella y la media luna

Algunas mezquitas están decoradas con una media luna y una estrella. Estos símbolos no tienen un significado religioso, pero se asocian con el Islam por su calendario lunar y porque el *Corán* cuenta que las estrellas son signos de Alá.

La mezquita Jumeira de Dubai, en los Emiratos Árabes, tiene rasgos comunes a muchas mezquitas. Desde los minaretes, que son las torres altas y decoradas, se hace la llamada a la oración.

Casi todas las mezquitas tienen por lo menos una torre o minarete. Todos los días se realiza la llamada a la oración en árabe cinco veces, casi siempre desde un altavoz en el minarete. Esta llamada a la oración es el *adhan* y la persona que lo recita es el almuecín.

El adhan

*Alá es el más grande.
Atestiguo que no hay más Dios que Alá.
Atestiguo que Mahoma es el mensajero de Dios.
Venid a la oración.
Venid a triunfar.
Alá es el más grande.*

La parte principal de la mezquita es la gran sala rectangular donde se reza. Las paredes pueden estar decoradas con pinturas geométricas o azulejos, pero no hay cuadros ni estatuas.

La cúpula central fue diseñada originalmente para mantener fresca la sala de oración, sobre todo en los países calurosos. Más tarde las cúpulas se convirtieron en un rasgo tradicional de la arquitectura árabe.

En la pared que está orientada hacia La Meca hay un pequeño nicho llamado *mihrab*, que atrae la atención de los fieles en dirección a la Kaaba (ver página 71).

A la derecha del *mihrab* hay una plataforma elevada o *minbar*, que generalmente tiene tres escalones. En los primeros tiempos del Islam, Mahoma predicaba desde el último escalón del *mihrab*, dejando la plataforma vacía en señal de respeto a Alá. Ahora los sermones se dan desde el escalón intermedio, uno por debajo de Mahoma. En algunos países hay una mesa de lectura a la izquierda del *mihrab*, desde donde se lee el *Corán*.

Clave del plano

A La Meca

1 Mihrab
2 Minbar
3 Minaretes
4 Zonas de las mujeres

Plano de una mezquita típica

En otras partes de la mezquita hay cúpulas decorativas más pequeñas.

El culto

Todos los hombres musulmanes tienen que acudir a la mezquita los viernes al mediodía para rezar. Las mujeres que van a la mezquita suelen sentarse en una sala aparte y deben cubrirse la cabeza para orar. Para los hombres no es obligatorio, aunque muchos lo hacen.

Antes de entrar en la mezquita hay que lavarse las manos, los brazos, la cara y los pies, para prepararse para la oración y en señal de respeto a Alá. Este ritual se llama *wudu* o ablución. También hay que quitarse los zapatos para mantener limpio el lugar de oración. En la sala no hay asientos, porque los musulmanes se arrodillan o se sientan en el suelo para orar. Si rezan fuera de la mezquita usan una alfombra.

La alfombra proporciona un lugar limpio en dondequiera que rece un musulmán.

Hay que rezar siempre en dirección a La Meca, que en las mezquitas está indicada por el *mihrab*. Algunas alfombras de oración modernas llevan brújulas que señalan hacia La Meca.

En la mezquita el culto lo dirige el imán, que significa 'hombre de conocimiento'. Las oraciones se rezan en árabe y se acompañan de movimientos que, según la tradición, enseñó el mismo Mahoma.

En estos movimientos, llamados *rakat*, interviene todo el cuerpo, para indicar una humildad completa ante Dios. El imán los realiza y a continuación los fieles los imitan.

La persona, de pie, alza las manos hasta los hombros, con los dedos separados.

Se inclina desde la cintura con la cabeza alineada con la espalda y las manos en las rodillas.

Se arrodilla y toca el suelo con las palmas de las manos extendidas, la nariz y la frente.

Para concentrarse en la oración algunos musulmanes utilizan una serie de cuentas ensartadas, que van pasando a medida que recitan los 99 nombres de Alá, llamados "los nombres más hermosos".

En esta sarta hay 99 cuentas, una por cada nombre de Alá. Las cuentas de oro indican que hay que recitar una oración.

El arte islámico

El *Corán* prohíbe las imágenes de Alá, Mahoma o cualquier persona o animal, en parte porque el Islam condena la adoración de imágenes y en parte porque los musulmanes creen que ninguna representación artística podría reflejar el esplendor de la creación de Alá.

Los artistas islámicos se dedican especialmente a diseñar dibujos geométricos y también es muy importante el arte de la caligrafía. Los calígrafos realizan hermosas creaciones con textos del *Corán*, oraciones y los nombres de Alá.

Detalle de un mosaico en una pared de la mezquita Kazimayn del siglo XIX en Bagdad, Irak.

LINK DE INTERNET

• En **www.usborne-quicklinks.com/es** encontrarás el enlace a una página del Instituto Cervantes, donde se puede hacer una visita virtual a la mezquita de Córdoba.

La vida cotidiana

Las leyes religiosas del Islam provienen del *Corán* y la *sunna*, y se denominan la *sharia*, que significa 'el camino recto'. Son reglas sobre todos los aspectos de la vida, desde las acciones individuales hasta los asuntos de estado. En Irak y en otros países musulmanes, no existe gran diferencia entre las leyes religiosas y las del estado.

Los musulmanes que viven en países no islámicos sienten a veces el conflicto entre la necesidad de respetar las leyes y costumbres del país en el que estén y su deseo de seguir el Islam.

El islamismo enseña que toda vida ha sido creada por Alá y por tanto debe respetarse. Esto afecta a todos los aspectos de la vida e implica muchas responsabilidades sociales. La familia es muy importante y hay que evitar cualquier cosa que la amenace, como la posibilidad de tener relaciones fuera del matrimonio. Por esto hombres y mujeres deben vestir con modestia y, en algunas culturas, no se pueden mezclar libremente.

En partes del mundo árabe es costumbre que las mujeres vivan apartadas de los hombres y se cubran todo el cuerpo, incluyendo la cara, cuando salen de casa. Dicen que esta práctica, llamada *purdah*, protege a las mujeres de la atención de los hombres y permite que las respeten por lo que son y no por su aspecto.

El código de vestir

El hombre debe cubrirse del ombligo a la rodilla. La mujer debe ser modesta y cubrirse la cabeza, los brazos y las piernas. Esta regla es el *hijab*, pero tiene diferentes interpretaciones.

Algunas musulmanas que viven en Occidente visten ropa occidental, pero suelen cubrirse las piernas y los brazos.

Muchas musulmanas llevan pañuelos en la cabeza y ropa suelta de manga larga para ocultar la forma de su cuerpo.

Algunas mujeres se tapan media cara con un velo. Suelen llevar ropa negra para no llamar la atención.

Esta mujer lleva una burka, que le tapa todo menos los ojos. Algunas burkas ocultan también los ojos tras una rejilla.

La comida

La carne debe prepararse de manera especial para ser *halal* (permitida): se pronuncia el nombre de Alá mientras se mata al animal y luego se deja salir toda la sangre. El *Corán* prohíbe comer cerdo por ser un alimento impuro y beber alcohol, porque cuando una persona está borracha se olvida de sus deberes con Alá.

La *jihad*

La lucha interna por intentar llevar una vida virtuosa se llama *jihad*. Para muchos esto implica también el deber sagrado de convertir a otros al islamismo mediante el ejemplo.

El nacimiento

Cuando nace un niño, el padre le susurra lo antes posible en el oído derecho la llamada a la oración. Desde ese momento el niño es musulmán.

A los siete días del nacimiento se celebra una ceremonia llamada *aquiqa* para poner nombre al niño, que por lo general es Mohamed (por Mahoma), el de algún familiar o algún otro nombre con significado religioso. También se le afeita el pelo, que luego se pesa. Tradicionalmente se daba a los pobres ese mismo peso en plata, pero ahora se da dinero.

Los niños musulmanes son circuncidados, es decir, se les corta el prepucio, que es un trocito de piel de la punta del pene. Esto no lo ordena el *Corán*, pero es costumbre desde los tiempos de Ibrahim en señal de la alianza entre Ibrahim y Dios.

La educación

Los niños reciben clases sobre su fe desde muy pequeños. No existe una ceremonia de mayoría de edad, pero sí se marcan ciertas etapas importantes en el camino hacia la fe adulta. En algunos países los niños celebran alrededor de los cuatro años la ceremonia *bismillah*, en la que recitan los primeros versos del *Corán*. Otra etapa importante es el primer ayuno del ramadán, generalmente después de los diez años.

Estos niños en Kitah, India, aprenden a leer el *Corán* en árabe.

El matrimonio

En algunas familias, los padres eligen pareja para casar a sus hijos, aunque los novios pueden rechazarla si no están de acuerdo con la elección. La oferta formal de matrimonio debe tener por lo menos dos testigos. La forma de la ceremonia puede variar según el país, pero a continuación se describen las más corrientes.

Un imán dirige la ceremonia, que puede tener lugar en casa de uno de los novios o en una mezquita.

Los novios se arrodillan de la mano ante el imán y confirman que se casan por voluntad propia.

Durante la ceremonia se leen pasajes del Corán, seguidos de oraciones y una bendición.

Se firma el contrato de boda y el novio da a la novia el mahr, que consiste en joyas, dinero u otros regalos.

La muerte

Cuando un musulmán va a morir intenta recitar la *shahada* o, si no es posible, la dicen sus amigos o su familia. Después de la muerte hay que lavar ritualmente el cadáver. Esto lo realizan personas del mismo sexo del fallecido, que luego lo envuelven en una sábana blanca llamada *ihram*. Los musulmanes creen que todos somos iguales y por tanto todos deben ser enterrados con ropa de la misma calidad.

El cuerpo se coloca sobre el costado izquierdo en un ataúd y se entierra siempre de cara a La Meca. Los musulmanes nunca incineran los cuerpos. El entierro se realiza cuanto antes, si es posible el mismo día de la muerte. Las tumbas musulmanas están cubiertas con un montículo de tierra y a veces con una lápida con el nombre de la persona, pero sin adornos.

En algunos países la familia del fallecido guarda luto 40 días, durante los que no se prepara comida y se lee el *Corán* de principio a fin repetidamente como ofrecimiento al muerto. En el aniversario de su muerte se vuelve a leer el *Corán* entero en memoria del fallecido.

LINK DE INTERNET
• En **www.usborne-quicklinks.com/es** hay un enlace con opciones interactivas. Puedes ver la expansión del Islam imágenes y hacer un test en línea que pone a prueba tus conocimientos.

El calendario islámico

El calendario islámico data de la *hégira*, el viaje de Mahoma a Medina. Las siglas a.H. escritas después de una fecha significan *Anno Hegirae* o 'año de la *hégira*'. En el 2000 E.C. empezó para los musulmanes el año 1421 a.H.

El año islámico tiene doce meses lunares, es decir, basados en los ciclos de la luna, y es unos 11 días más corto que el año solar (el tiempo que tarda la Tierra en dar una vuelta alrededor del Sol), en el que se basa el calendario gregoriano (occidental). Esto significa que las fiestas caen en una fecha solar diferente cada año.

Para los musulmanes, el mes empieza al atardecer del primer día de la luna creciente. Puesto que esto depende del clima y de dónde se encuentre el observador, es difícil precisar cuándo comenzará un nuevo mes.

El día sagrado de *Ashura*, los musulmanes chiitas toman parte en representaciones históricas de la vida del califa Hussein. Este musulmán desenvaina su espada durante la representación de una batalla.

El calendario islámico

1er mes	Muharram
2º mes	Safar
3er mes	Rabi al-Awal
4º mes	Rabi al-Thani
5º mes	Jumad al-Ula
6º mes	Jumad al-Thani
7º mes	Rajab
8º mes	Shaban
9º mes	Ramadán
10º mes	Shawal
11º mes	Zul-Qida
12º mes	Zul-Hijja

La fiesta de Año Nuevo

Los chiitas celebran el comienzo del nuevo año con un festival de diez días llamado Muharram, que comparte su nombre con el primer mes islámico. El último día, el más importante, es Ashura. Se cree que en Ashura sucedieron los siguientes acontecimientos:

Alá creó los cielos y la Tierra. Luego creó también a Adán, que entró en el Paraíso.

El arca de Noé, con una pareja de cada animal, llegó a tierra firme después de un diluvio universal.

Moisés sacó a los israelitas de Egipto, donde habían sido esclavos del faraón.

El Muharram es especialmente importante para los chiitas, porque rememoran la muerte de los califas Alí y Hussein. El décimo día muchos chiitas se visten de negro y toman parte en procesiones solemnes. Algunos representan la historia de Hussein y la matanza de Karbala, donde murió.

Festividades importantes

Las dos fiestas principales del año islámico son Eid ul-Fitr y Eid ul-Adha. *Eid* o *Id* es una palabra árabe que significa 'festividad'.

En estas dos fiestas, muchos musulmanes se levantan temprano, se bañan y se ponen ropa nueva y perfume antes de ir a la mezquita para rezar y escuchar el sermón del imán. Las oraciones de estos días son algo distintas y más largas de lo habitual.

Después del servicio religioso en la mezquita, los musulmanes van a visitar a sus amigos y familia, intercambian regalos y comparten comidas de celebración.

El final del ayuno

Eid ul-Fitr significa 'festividad del final del ayuno'. Tiene lugar el primer día de Shawal y celebra el fin del noveno mes, ramadán. Las siguientes imágenes muestran cómo se observa el ramadán.

Estas mujeres musulmanas se han reunido en la Cúpula de la Roca de Jerusalén para rezar en Eid ul-Fitr, la mañana después del final del ramadán.

Todos los musulmanes sanos de más de 12 años deben ayunar entre el amanecer y el atardecer.

Rompen el ayuno todas las tardes con un dátil, un pellizco de sal y un sorbo de agua.

Después de romper el ayuno, se rezan oraciones y la familia toma una comida llamada iftar.

En los países musulmanes Eid ul-Fitr es un día de fiesta. Los fieles van a la mezquita para dar gracias a Alá por su ayuda durante el ayuno y por sus bendiciones, que son muchas e incluyen el *Corán*, revelado a Mahoma, según la tradición, en el mes de ramadán. En Eid ul-Fitr se realizan buenas acciones, sobre todo dar dinero y comida a los pobres.

Fiesta del sacrificio

El Eid ul-Adha o 'fiesta del sacrificio' es el acontecimiento más importante del calendario islámico. Tiene lugar en Zul-Hijja, el último mes del año, justo al final de la peregrinación religiosa o *Hadj* (ver página 71), y lo celebran todos los musulmanes menos los que están en *Hadj*.

En Eid ul-Adha se sacrifica un animal y la carne se comparte con los pobres.

El Eid ul-Adha conmemora un suceso que aparece en el *Corán* y también, en versiones algo distintas, en la *Torá* y el *Antiguo Testamento*. Dios ordenó a Ibrahim que sacrificara a su hijo Ismael para demostrar su obediencia. Justo cuando Ibrahim estaba a punto de matar a Ismael, Dios le entregó un carnero para que fuera sacrificado en lugar de su hijo. La festividad celebra la fe de Ibrahim y la piedad de Dios.

El cumpleaños de Mahoma

Algunos musulmanes celebran el cumpleaños de Mahoma, llamado Milad-an-Nabi, el duodécimo día de Rabi al-Awal.

El Milad-an-Nabi se celebra de muchas maneras y en algunos países es un día de fiesta. Se cuentan sucesos de la vida de Mahoma para que la gente piense en él y en sus obras, se leen pasajes del *Corán*, se recitan oraciones o se cantan canciones sagradas. Algunas personas decoran la casa, se visten de fiesta y organizan procesiones y festines en los que se sirven dulces.

LINK DE INTERNET

• En **www.usborne-quicklinks.com/es** tienes un enlace a una página con el calendario islámico donde podrás aprender sobre las festividades musulmanas y explorar otros links a temas islámicos.

LOS SIJS

 La religión de los sijs fue fundada hace unos 500 años por un hombre que llegaría a ser conocido como el guru Nanak. La palabra 'guru' significa 'maestro' y 'sij' significa 'discípulo'. Hoy en día hay unos 23 millones de sijs en el mundo, aunque casi todos viven en la región del Punjab, al noroeste de la India, que fue donde surgió esta religión.

Este niño sij lleva un turbante ceremonial en una fiesta en el Templo Dorado de Amritsar, en la India. El símbolo de plata del turbante es la *khanda*, que representa la unidad sij.

Historia del Punjab

Sucesivos grupos musulmanes invadieron la India a partir del siglo XI siguiendo una ruta que atravesaba la fértil región del Punjab y algunos invasores terminaron por asentarse en este lugar. En la época en que nació el guru Nanak hindúes y musulmanes convivían allí en perfecta armonía.

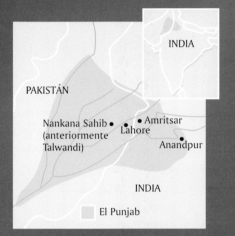

Mapa de la región del Punjab

Los invasores musulmanes, llamados mogoles, gobernaron todo el noroeste de la India hasta el siglo XIX, fecha en que los ingleses se hicieron con el poder.

En 1947 la India se hizo independiente del gobierno británico y se formó el país de Pakistán, porque los musulmanes exigían tener su propia nación. Como consecuencia, el Punjab quedó dividido entre la India (hindú) y Pakistán (musulmán). Los sijs e hindúes que vivían en Pakistán tuvieron que marcharse. Muchos se trasladaron a la India, pero otros fueron a países como EEUU e Inglaterra, llevando a ellos sus religiones.

El guru Nanak

Nanak nació en 1469 en la aldea de Talwandi, cerca de Lahore, en el Punjab. Sus padres eran hindúes, pero él creció entre hindúes y musulmanes.

A los 30 años de edad Nanak desapareció durante tres días y todo el mundo creyó que se había ahogado. Cuando volvió sus primeras palabras fueron: "No hay hindúes ni musulmanes, ¿qué camino debo seguir? Seguiré el camino de Dios". Con esto quería decir que todas las religiones compartían la misma verdad. Nanak creía que las diferencias externas entre las religiones no eran importantes para Dios.

El guru Nanak, que figura en esta ilustración, vestía ropas que no indicaban claramente si era hindú o musulmán.

LINK DE INTERNET

• En www.usborne-quicklinks.com/es tienes un enlace a una página sobre el sijismo, con fotografías y enlaces al calendario de festividades sij y los rituales sij del nacimiento a la muerte.

El guru Nanak creía que Dios le había transmitido un mensaje nuevo que no era continuación de las enseñanzas islámicas y tampoco de las hindúes. Dedicó el resto de su vida a hacer labor de maestro, predicando este mensaje y haciendo viajes para enseñarlo especialmente en los lugares sagrados de los musulmanes y de los hindúes.

El guru pasó sus últimos años en la ciudad punjabi de Kartarpur, donde acudía mucha gente a verlo y aprender de su sabiduría. Desde entonces sus seguidores o discípulos fueron llamados sijs. En Kartarpur formaron una comunidad que daba la bienvenida a todo el mundo y abrieron una cocina para dar de comer a los pobres y necesitados.

Nanak murió en 1539. Según la leyenda, hubo entonces desacuerdos entre sus seguidores: los que tenían una educación hindú querían incinerar su cuerpo, según su costumbre, pero sus seguidores musulmanes querían enterrarlo.

Cuando llegó el momento de disponer del cadáver los seguidores del guru descubrieron que había desaparecido y sólo quedaba la sábana que lo había cubierto.

81

Creencias sijs

Los sijs creen en un solo Dios y lo adoran viviendo honestamente y preocupándose por los demás. Los devotos también comienzan cada día al amanecer lavándose y reflexionando sobre las enseñanzas del guru.

Los sijs creen que el alma pasa por ciclos de reencarnaciones. Para detener este proceso y unirse a Dios, llevan una vida disciplinada y suelen trabajar en profesiones que benefician a la sociedad. Ayudan a los demás (el *sewa*), y dan la décima parte de sus ingresos a los necesitados.

Las enseñanzas de Nanak

Nanak daba mucha importancia a la idea de que todos somos iguales a los ojos de Dios. Enseñaba que el sistema de castas de la India, que pone algunos grupos de gente por encima de otros, no era aceptable.

Nanak solía ilustrar sus ideas y creencias mediante historias. A la derecha se cuenta la historia con la que Nanak explicaba que todos debemos llevar una vida honrada y no explotar a los demás.

Esta ilustración muestra al guru Nanak rezando cuando el emperador mogol Baber invadía la India en 1521.

En una visita a una aldea, Nanak rechazó la invitación de un rico mercader y prefirió comer con un pobre llamado Lalo.

El rico estaba furioso. Para explicarse, Nanak fue a casa del rico y tomó de la mesa un trozo de pan.

El guru estrujó el pan, y el rico, sorprendido y horrorizado, vio que salían gotas de sangre.

Nanak pidió entonces un trozo de pan de Lalo y cuando lo estrujó salió leche pura. Todos los presentes quedaron maravillados.

Nanak explicó que Lalo era pobre pero honrado, mientras que el mercader había hecho su fortuna con el sufrimiento ajeno.

Los sucesores de Nanak

Cuando Nanak estaba a punto de morir eligió como sucesor a uno de sus seguidores, un hombre llamado Lehna, a quien Nanak dio el nombre de Angad, que significa 'parte de mí'. Angad desarrolló una caligrafía para la lengua punjabi, llamada *gurmukhi*, que significa 'de boca del guru'. Durante casi 200 años las creencias sijs se fueron transmitiendo a través de una cadena de gurus. Cada guru guiaba a los sijs mediante su ejemplo y sus enseñanzas.

El guru Nanak quedó tan conmovido por las brutalidades de la invasión de Baber (que aparecen al fondo de esta ilustración) que se alzó en contra de su tiranía. La lucha contra la injusticia social y política todavía es una parte importante de las creencias sijs.

La comunidad

Alguna que otra vez, durante el gobierno de los musulmanes mogoles en la India, los sijs sufrieron persecuciones. El quinto y el noveno guru fueron asesinados debido a sus creencias. El décimo guru, Govind Singh, decidió fundar la comunidad Khalsa (los puros), formada por un grupo de sijs leales dispuestos a luchar contra la opresión y defender su fe con la espada si era necesario.

Los seguidores del guru Govind Singh fueron convocados a Anandpur un día del año1699.

Al llegar encontraron al guru junto a una gran tienda de campaña, con la espada en la mano.

Govind Singh pidió voluntarios dispuestos a morir por su fe. Un hombre se ofreció y fue conducido a la tienda.

La multitud oyó un golpe y, poco después, Govind Singh salió de la tienda con la espada manchada de sangre.

Cuenta la historia que otros cuatro voluntarios se ofrecieron a entrar en la tienda. Cuando parecía que todos habían corrido la suerte del primero, los cinco salieron sanos y salvos junto al guru. Los valientes bebieron una mezcla de agua y azúcar llamada *amrit*, de la que recibieron unas gotas en la cabeza.

Estos sijs visten las ropas amarillas de los Panj Piare. En todos los festivales y desfiles cinco sijs khalsa representan a los Panj Piare.

Los cinco hombres se vistieron con ropajes amarillos y Govind Singh los declaró Panj Piare, los Cinco Bienamados. Fueron los primeros miembros de la nueva comunidad, la Khalsa. Para mostrar la igualdad entre los khalsa, el guru también fue iniciado en la comunidad. El ejemplo de Govind Singh sirvió de inspiración a la multitud y miles de personas se hicieron miembros del grupo.

Muchos sijs de ambos sexos todavía se inician en la Khalsa. Tienes más información sobre esta interesante ceremonia en la página 86.

El libro sagrado

Govind Singh fue el último guru. No eligió sucesor, ya que la existencia de un líder habría estado en contra de los principios de igualdad que había intentado promover a través de la Khalsa. Dijo, en cambio, que las escrituras sijs eran el guru que guiaría a todos los futuros seguidores de la religión sij.

Las escrituras sijs están reunidas en el libro *Adi Granth*, llamado después *Guru Granth Sahib* por el guru Govind Singh, en señal de la categoría que tiene y la importancia que merece. Los sijs tratan el libro con el mayor respeto, pero no lo adoran.

Las escrituras se componen principalmente de himnos, escritos por los gurus, que expresan las creencias sijs. El *Guru Granth Sahib* contiene también escritos de personas de otras creencias, incluidas el hinduismo y el islamismo. Esto es muy poco común en un libro sagrado religioso y muestra el respeto que profesan los sijs a otras religiones.

Una página del *Guru Granth Sahib*

LINK DE INTERNET

• En www.usborne-quicklinks.com/es tienes un enlace que describe el templo sij Gurdwara Bangla Sahib en Delhi y ofrece información sobre el sijismo.

El *gurdwara* Harimandir Sahib de Amritsar, en el Punjab, es un lugar importante de peregrinación. Está rodeado por un lago del que la ciudad toma su nombre: Amristsar significa 'lago de néctar'.

Los templos sijs

Los sijs suelen orar en el templo, aunque también pueden hacerlo en casa con una copia del *Guru Granth Sahib*. El templo sij es el *gurdwara* (puerta al guru).

El *gurdwara* es un centro importante para la comunidad sij. En él hay salas de reunión y clases donde los niños aprenden sobre su historia y su fe. Los niños que viven fuera del Punjab también pueden aprender a hablar punjabi en el *gurdwara*.

Muchos *gurdwara* están abiertos día y noche a gente de todas las religiones y ofrecen comida y un sitio para dormir a cualquiera que lo necesite.

En el *gurdwara* siempre hay un *langar* (comedor), porque además de dar alimento a los necesitados, los sijs suelen servir una comida después de celebrar el culto. La preparan tanto los hombres como las mujeres, y las personas que han ido a orar son las que proporcionan los alimentos o el dinero para comprarlos. Incluyen platos vegetarianos para que los creyentes de distintas religiones puedan comer juntos.

La bandera sij

En casi todos los *gurdwaras* ondea la bandera sij, llamada Nishan Sahib. Es naranja y lleva en el centro un símbolo llamado *khanda* (explicación a la derecha). El mástil también se cubre con un paño naranja. La Nishan Sahib y el paño se pueden cambiar el tercer día de la festividad de Baisakhi.

Los sijs muestran un gran respeto a la Nishan Sahib, porque representa la unidad de las comunidades sijs en todo el mundo.

Este símbolo, llamado khanda, *representa muchas de las creencias sijs.*

El círculo, sin principio ni final, es el chakra, y representa la eternidad y la unidad sij.

Las espadas cruzadas recuerdan que los sijs deben estar dispuestos a defender su fe.

La espada de doble filo, la khanda, *representa el poder de la verdad y da nombre a todo el símbolo.*

La bandera sij suele ser naranja con un símbolo negro. Representa la unidad de todos los sijs y por tanto recibe un gran respeto.

El *gurdwara* Harimandir Sahib se denomina el Templo Dorado.

El culto

Los sijs acuden al *gurdwara* cualquier día de la semana, ya que no existe uno asignado al culto, pero observan ciertas tradiciones religiosas.

Todos deben cubrirse la cabeza, quitarse los zapatos y lavarse antes de entrar en la sala de oración.

Todos se sientan en el suelo, en señal de igualdad, pero hombres y mujeres suelen sentarse separados.

No hay sacerdotes. Cualquier sij, hombre o mujer, puede leer las escrituras.

El guru Nanak creía que no eran necesarios los rituales elaborados, de modo que los sijs no tienen un servicio religioso establecido. El culto consiste en la *katha* (la lectura de los himnos sagrados y sus explicaciones en el *Guru Granth Sahib*) y el *kirtan* (el canto de los himnos).

LINKS DE INTERNET
• En **www.usborne-quicklinks.com/es** tienes un enlace a la página de una crónica de viaje, con fotos de la ciudad de Amritsar y el Templo Dorado.

Durante el culto se coloca el *Guru Granth Sahib* en una plataforma que lo eleva por encima de la gente y le confiere la misma posición que un guru vivo. De día está cubierto por un dosel y de noche se traslada a una sala especial. En señal de respeto, los sijs elevan el libro sagrado más allá de sus cabezas al llevarlo de un lugar a otro.

Al final del servicio, la última oración es siempre el *ardas*, una oración común que consta de tres partes. La primera recuerda a Dios y a los gurus, la segunda es para el *Guru Granth Sahib* y la tercera pide la bendición de Dios para la comunidad.

Después de la oración se prepara el *karah parshad* para la congregación. Es un alimento dulce que se hace con harina, azúcar y mantequilla y se agita con una espada corta llamada *kirpan*. Luego se celebra una comida en común en el *langar*.

Todos los sijs se inclinan ante el *Guru Granth Sahib* al entrar en el *gurdwara*.

Lectura ininterrumpida

En ocasiones como nacimientos, muertes y fiestas sagradas, se celebra el *arkhand path*, una lectura ininterrumpida de todo el *Guru Granth Sahib* que dura unas 48 horas. Esta costumbre surgió en el siglo XVIII, cuando algunos grupos de sijs luchaban por su fe y vivían proscritos. Como existían pocos ejemplares del libro, cada grupo leía lo máximo posible antes de pasar el *Guru Granth Sahib* a otra comunidad.

Es costumbre abanicar el *Guru Granth Sahib* durante las lecturas en señal de respeto. Si no se va a usar, se cubre con paños de seda.

Citas sijs

Aquí tienes algunas citas sijs, con el nombre de su autor y las escrituras de las que han sido tomadas.

Dios es el pescado y el pescador, el agua y la red, el flotador de la red y el cebo.

Guru Nanak

Que nadie se enorgullezca de su nacimiento. Sabed que todos hemos nacido del mismo barro.

Guru Nanak

El que canta Sus alabanzas y realiza buenas acciones se fundirá con Él.

Guru Amar Das

Una vida sin amor es una flor en el desierto, donde nadie disfrutará de su fragancia.

Guru Granth Sahib

Lo que siembres, cosecharás. Este cuerpo es el resultado de tus actos.

Guru Arjan Dev

Nacemos de mujer, concebidos de mujer.
Nos comprometemos con una mujer, nos casamos con una mujer.
Nos relacionamos con la mujer, por las mujeres continúan las civilizaciones.
Cuando muere una mujer, buscamos una mujer.
El orden se mantiene a través de la mujer.
¿Entonces por qué llamarla inferior, cuando todos los grandes nacen de una mujer?

Guru Nanak

Dios es Uno y eterno. Se encuentra en todas las cosas y sostiene todas las cosas. Es el creador y se encuentra en la creación. No tiene miedo ni aversión. Es eterno y está más allá del nacimiento y la muerte. Es conocido a través de la gracia de Dios.

Mul Mantra o credo sij al principio del *Guru Granth Sahib*.

El nacimiento

A los pocos días de nacer un niño, se le lleva al *gurdwara* (el templo) para celebrar el Nam Karan, la ceremonia en la que se le pone nombre. En el *gurdwara* se abre al azar el *Guru Grant Sahib* y el niño recibe un nombre que comience con la inicial de la primera palabra de la página de la izquierda.

Después de anunciar la inicial, y a veces también el nombre del niño a la congregación, se le pone en los labios *amrit*, una mezcla de agua y azúcar. Se dicen oraciones y se cantan himnos. Los padres del niño proporcionan los ingredientes para el *karah parshad*.

La iniciación

Cualquier sij mayor de 14 años, sea hombre o mujer, puede unirse a la Khalsa (ver página 83). Para ello participa en una ceremonia llamada Amrit, basada en la iniciación original de los Cinco Bienamados y dirigida por cinco miembros destacados de la comunidad, que los representan.

Cuando un sij se une a la Khalsa, se cambia el nombre. Los hombres son Singh, que significa 'león', y las mujeres son Kaur, que significa 'princesa'. Esto surgió inicialmente para hacer a todos iguales y para contrarrestar el sistema de castas de la sociedad india, en el que el nombre de la persona era signo de su importancia.

Aquí uno de los representantes de los Cinco Bienamados inicia a un sij echándole *amrit* (néctar sagrado) en la cabeza. El *amrit* se prepara en un gran cuenco de hierro y se mezcla con una daga.

Las cinco kas

El guru Govind Singh ordenó a la hermandad original llevar cinco prendas de vestir simbólicas. Cada una comenzaba con la letra K en punjabi, y por eso se conocen como las cinco kas. Muchos creyentes, sean o no miembros de la Khalsa, llevan las cinco kas para indicar que pertenecen a la comunidad sij. El turbante, que se asocia con la fe sij, no es una de las cinco kas, pero lo llevan sobre todo los hombres para que no se les ensucie ni despeine el pelo largo. Los jóvenes a veces se cubren el pelo con un paño llamado *patka*.

Kesh – pelo sin cortar. Los sijs demuestran su obediencia a Dios interfiriendo lo menos posible con la naturaleza.

Kangha – peine de madera. El pelo largo tiene que estar limpio y peinado. Los sijs llevan el peine en el pelo, que suele estar cubierto con un turbante.

Kachera – pantalón corto y blanco. Simboliza pureza y modestia y era muy práctico porque en cualquier momento podía ser necesario luchar.

Kara – brazalete de acero. El círculo representa la eternidad y el acero la fuerza y la pureza. Sirve para recordar que sólo se lucha por Dios.

Kirpan – espada corta simbólica con la hoja curva. Recuerda a los sijs que deben luchar por la verdad y defender a los débiles y oprimidos.

Las parejas sijs reciben guirnaldas en la ceremonia de boda.

Las bodas sijs

La ceremonia de boda se llama Anand Karaj, que significa 'ceremonia de gozo'. Se puede celebrar en cualquier sitio, a condición de que sea en público. Para dar carácter sagrado al contrato matrimonial, la pareja debe pronunciar sus votos ante el *Guru Granth Sahib*.

La ceremonia es muy sencilla. El novio promete mantener a su mujer y la novia promete asumir su papel de esposa. La pareja camina cuatro veces en torno al *Guru Granth Sahib* sosteniendo un pañuelo entre los dos. Se reza y se cantan himnos. Al igual que todos los servicios religiosos, la boda acaba con el *karah parshad* y por lo general los novios van al *langar* para comer con la familia y los amigos.

La muerte

Los sijs consideran la muerte un proceso natural en el ciclo de las reencarnaciones. Creen que el alma volverá a la Tierra o, si la persona ha sido lo suficiente buena y virtuosa, se unirá a Dios. Por lo tanto, no creen que el cuerpo es importante después de la muerte, y por lo general, incineran los cadáveres. En la India, la incineración suele tener lugar en piras funerarias de leña. En Occidente se lleva a cabo en un local que se llama crematorio.

Las cenizas del fallecido suelen echarse al río más cercano. A los sijs no les gusta marcar las tumbas con lápidas porque creen que eso promueve la adoración al muerto. Durante el funeral tampoco se fomenta el llanto ni la expresión pública del dolor, porque se considera que sólo ha muerto el cuerpo, no el alma.

Durante la noche del funeral y los días siguientes, los adultos de la familia leen el *Guru Granth Sahib* entero. La lectura dura unos diez días. Cuando se termina se da por finalizado también el luto y la familia comparte el *karah parshad*.

┌ LINKS DE INTERNET ┐
• En www.usborne-quicklinks.com/es tienes un enlace a una página del sitio web de la embajada de la India en la Habana, con un artículo sobre los sij. También contiene un artículo sobre cada una de las principales religiones de la India.

Festividades sijs

El calendario sij estaba basado antiguamente en el calendario lunar hindú, pero se han hecho esfuerzos para adaptarlo al calendario gregoriano, que es el que se usa en Occidente, y ahora, se denomina calendario *nanakshahi*.

A lo largo del año se celebran varias festividades sijs. Algunas son también fiestas religiosas del hinduismo, pero para los sijs tienen un significado algo diferente. En este capítulo se describen varias. En las páginas 22 y 23 encontrarás información adicional sobre las celebraciones y festividades hinduistas.

Fechas del calendario gregoriano correspondientes al comienzo de los meses en el calendario sij.

MES SIJ	FECHA GREGORIANA
Chet	14 de marzo
Vaisakh	14 de abril
Jeth	15 de mayo
Harh	15 de junio
Sawan	16 de julio
Bhadon	16 de agosto
Asu	15 de septiembre
Katik	15 de octubre
Maghar	14 de noviembre
Poh	14 de diciembre
Magh	13 de enero
Phagan	12 de febrero

Estos sijs representan unas peleas con espada como parte de su fiesta anual de Hola Mohalla.

Hola Mohalla

El Hola Mohalla es una fiesta local de Anandpur, en el Punjab, que se celebra un día después del festival hindú de Holi. El primer Hola Mohalla fue organizado por el Guru Govind Singh en 1701.

Tradicionalmente era un día de representación de batallas y ejercicios militares seguidos de concursos de música y poesía. En la actualidad todavía hay exhibiciones de equitación y esgrima, así como lecturas religiosas.

Baisakhi

La fiesta de Baisakhi, en abril, es un recuerdo de la iniciación de los primeros khalsa. Los sijs acuden a los *gurdwaras* y celebran ferias y desfiles. Muchos se inician en la Khalsa en esta ocasión. El tercer día se baja la bandera del *gurdwara* y el paño que cubre el mástil se lava con agua y yogur. Esto es como bañar a una persona sagrada, porque en la India se considera que el yogur es una sustancia pura y sagrada. Luego se seca el paño y se pone una bandera nueva.

Fiesta de las luces

Los sijs, igual que los hindúes, celebran el Diwali o fiesta de las luces (ver página 22). Para los sijs es también un recordatorio del guru Har Govind, que fue prisionero de un emperador mogol. Govind insistió en que liberaran a otros 52 cautivos hindúes que estaban presos con él, antes de ser puesto en libertad él mismo.

El día de la libertad del guru Har Govind, en 1619, el Templo Dorado de Amritsar se iluminó con muchas luces para darle la bienvenida. Hoy en día todavía se encienden luces en el exterior de los *gurdwaras* y sobre todo en el Templo Dorado, que es donde se congrega la mayor multitud. También se regalan dulces a todo el mundo.

Los sijs celebran la fiesta de Diwali decorando con luces las casas y los templos. Aquí se ve cómo se prepara para el Diwali el *gurdwara* Anandgarth Sahib de Anandpur, en el Punjab.

Festividades de los gurus

Los *gurpurbs* son fiestas que celebran el aniversario del nacimiento o la muerte de los gurus, o la fecha en que se convirtieron en gurus. Dos de los más importantes son el de Nanak, en noviembre, y el de Govind Singh, en enero.

El *gurpurb* se celebra con procesiones y oraciones. El *Guru Granth Sahib* desempeña una función central, y a veces se lleva por las calles. Suele realizarse un *arkhand path*, que es una lectura ininterrumpida del *Guru Granth Sahib*.

┌─LINK DE INTERNET─────
• En **www.usborne-quicklinks.com/es** hay un enlace a una página sobre el festival de las luces (Diwali), que para los hinduistas equivale a la Navidad en Occidente.

Los diez gurus

1. *Nanak 1469-1539; fundador de la religión sij.*

2. *Angad 1504-1552; desarrolló una caligrafía llamada gurmukhi para la lengua punjabi.*

3. *Amar Das 1479-1574; trabajó por la igualdad de todas las personas.*

4. *Ram Das 1534-1581; fundó la ciudad santa de Amritsar.*

5. *Arjan 1563-1606; mandó construir el Templo Dorado de Amritsar y fue el primer sij que sufrió martirio.*

6. *Har Govind 1595-1643; fue el primer 'guru guerrero'. Dirigió la resistencia sij contra los gobernantes musulmanes mogoles.*

7. *Har Rai 1630-1661; propagó la religión sij en el Punjab y por el resto de la India.*

8. *Har Krishan 1656-1664; el niño guru. Era hijo de Har Rai y murió de viruela a los 8 años.*

9. *Tegh Bahadur 1621-1675; fue mártir por intentar proteger a los hindúes.*

10. *Govind Singh 1666-1708; fundó la comunidad sij de los puros y eligió como sucesor el libro Guru Granth Sahib.*

EL SINTOÍSMO

El sintoísmo es una religión japonesa con una larga historia. Su nombre proviene de 'shinto' que en japonés significa 'camino de los dioses'. Fue la religión oficial en Japón entre 1868 y 1945 y hoy en día tiene más de cien millones de seguidores. Muchos japoneses siguen tanto el sintoísmo como el budismo, y es común que una persona celebre una boda sintoísta y un funeral budista.

El Sol se asocia con la diosa Amaterasu, que se considera la soberana de todos los espíritus.

Los dioses

El sintoísmo se basa en la creencia de que en la naturaleza existen poderes espirituales, llamados *kami*. Cualquier objeto natural que sea especialmente poderoso o impresionante puede considerarse *kami*. En el sintoísmo hay gran variedad de *kami*.

Los accidentes naturales, como lagos y montañas, suelen considerarse kami. *Uno de los más conocidos es el monte Fuji, en Japón.*

Las personas excepcionales también son kami. *Entre ellas se incluyen todos los emperadores japoneses, menos el último.*

La diosa del Sol

El *kami* más importante es la diosa del Sol, Amaterasu, que es la reina de todos los espíritus, la guardiana de los japoneses y el símbolo de la unidad japonesa. Representa al Sol naciente y según la creencia sintoísta, todos los emperadores japoneses son sus descendientes. Se la considera creadora de los arrozales, inventora del arte de tejer, el cultivo del trigo y la cría de los gusanos de seda.

La diosa Amaterasu

Los lugares de culto

Los sintoístas piensan que la naturaleza es sagrada, de modo que sus lugares de culto, llamados santuarios, suelen encontrarse en hermosos enclaves naturales. Cada santuario alberga por lo menos a un *kami* y tiene siempre a la entrada un arco adintelado o *torii*. A la sala interior, donde se considera que está presente el *kami*, sólo pueden entrar los sacerdotes y sacerdotisas.

El santuario de Amaterasu está en la ciudad de Ise, en Japón, y se reconstruye cada 21 años, para que siempre esté en buen estado y para que el *kami* sobreviva en él. Todos los creyentes intentan visitarlo por lo menos una vez en la vida.

El culto

Los fieles acuden a los santuarios para pedir buena suerte y para alejar a los malos espíritus. Esta práctica tiene mucha importancia antes de situaciones especiales, como la apertura de un negocio o la presentación a un examen. Los sintoístas valoran la pureza del cuerpo y del espíritu, por lo que la mayor parte del culto consiste en la purificación o *harae*.

Antes de entrar en la sala de oración de un santuario, los sintoístas se enjuagan la boca y se lavan las manos.

En el santuario la gente hace ofrendas al kami. Las ofrendas varían desde un cuenco de arroz o pescado seco hasta una danza.

El culto también tiene lugar en casa y en el trabajo. Para los sintoístas es muy importante el hogar, porque las tradiciones antiguas se preservan a través de la vida en familia. En el santuario de la casa se hacen ofrendas y se reza, a menudo a los antepasados. El culto a los dioses y a los espíritus de los antepasados se llama *matsuri*.

Este arco o *torii* es la entrada a un santuario en una isla japonesa. Simboliza la frontera entre el mundo de los hombres y el de los *kami*.

Citas sintoístas

Incluso los deseos de una hormiga llegan al cielo.
Anónimo

Hacer el bien es ser puro. Hacer el mal es ser impuro.
Anónimo

Los que no abandonan la piedad, no serán abandonados.
Oráculo del *kami* de Itsukushima

Las escrituras sintoístas

En el sintoísmo no existen escrituras sagradas oficiales, aunque sí varios libros que se consideran muy importantes, entre ellos el *Kojiki* y el *Nihon-gi*, ambos escritos en el siglo VIII. Contienen una serie de historias orales del sintoísmo, aunque principalmente son libros de historia, geografía y literatura del antiguo Japón.

Fiestas

Cada santuario sintoísta celebra varias fiestas al año, entre ellos el Haru Matsuri (fiesta de primavera), Aki Matsuri (fiesta de la cosecha) y Rei-sai (la festividad anual más importante). En estas ceremonias se conmemora a los *kami* y se pide su bendición. El día de Rei-sai suele haber una procesión llamada Shinko-sai o Procesión Divina, en la que se llevan por las calles santuarios portátiles.

┌LINK DE INTERNET─
• En **www.usborne-quicklinks.com/es** tienes un enlace a la página de la guía virtual del shinto moderno, con amplia información sobre el sintoísmo y una gran cantidad de fotografías de *toriis*, templos, celebraciones, etc.

LAS RELIGIONES CHINAS

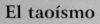 Dos importantes religiones, el taoísmo y el confucianismo se desarrollaron en China en el siglo VI a.E.C. La China actual es un país comunista en el que no se fomenta la religión, pero ambas cuentan con unos cinco millones de adeptos en territorio chino y países cercanos. Se practican a la vez el confucianismo, el taoísmo y el budismo, que incluyen ideas absorbidas de las antiguas religiones populares chinas.

La leyenda cuenta que Lao-Zi dejó su trabajo como guardián de los archivos imperiales y se marchó a lomos de un búfalo, como aparece en esta escultura, para empezar una nueva vida en las montañas.

El taoísmo

Está basado en las enseñanzas escritas en el *Tao Te Ching*, un libro que, según se cuenta, fue escrito por Lao-Zi, aunque algunos expertos creen que es obra de varios autores. El término 'Tao' suele traducirse 'el camino'. Los taoístas creen que es la fuerza espiritual de todo el universo, que está presente en todas las cosas, pero es más grande que todas las cosas.

La meta del taoísta es vivir en armonía con el Tao, que está en perpetuo cambio, igual que la naturaleza. Para lograrlo hay que evitar las distracciones mundanas y vivir de forma espontánea. Los taoístas creen que los problemas como las enfermedades y el sufrimiento son el resultado de vivir en desacuerdo con el Tao.

En China hay muchos templos de distintas religiones. Éste es el Templo del Cielo, en Pekín, donde los emperadores de otras épocas adoraban al cielo y pedían buenas cosechas.

Del Tao surgen dos fuerzas opuestas: el yin y el yang. Las cualidades del yin incluyen la oscuridad y la feminidad, y entre las cualidades del yang están la luz y la masculinidad. Los taoístas creen que estas fuerzas son la base de toda la creación.

Símbolo del yin y el yang

Una de las ideas más importantes es *wu wei*, que significa actuar con naturalidad y no interferir en el proceso de la vida: nada se puede forzar. Tenemos que dejar que las cosas pasen a su ritmo, y no intentar controlar ningún acontecimiento.

El taoísmo comparte algunas de sus festividades con otras religiones. La Fiesta Fantasma taoísta se parece a otra budista que se celebra el mismo día.

El Tao que puede describirse no es el Tao eterno. El nombre que puede nombrarse no es el nombre eterno.
Tao Te Ching

El confucianismo

El nombre proviene de un filósofo chino que vivió en el siglo VI a.E.C. Su nombre auténtico era Kong Fu Zi, pero en Occidente se le llamó Confucio.

Los escritos de Confucio pretendían ser una guía para los gobernantes de China, pero más adelante fueron desarrollados por sus seguidores y absorbieron poco a poco ideas del taoísmo y el budismo. El confucianismo se ha extendido desde China a Corea, Japón, Vietnam y otros países del sureste asiático.

Gobierna mediante el poder del ejemplo moral.
Confucio

Confucio daba mucha importancia al comportamiento correcto y pensaba que la sociedad sería perfecta si sus miembros se esforzaban en practicar 'buena conducta'. Para ello, debían ser siempre considerados con los demás y mantener la armonía y el equilibrio en todas las cosas, evitando las emociones y las acciones extremas. La buena conducta también requiere el culto a los antepasados y el respeto a la familia. Para Confucio, la familia era más importante que el individuo.

Una estatua moderna de Confucio en Singapur.

Las bailarinas con trajes tradicionales actúan ante un santuario de Confucio en la universidad de Sungkyunkwan en Seúl, Corea del Sur. Celebran el *Sokchonje*, que es un ritual de primavera.

Confucio daba también importancia a cinco relaciones que, según él, formaban la base de una sociedad estable y feliz. Estas relaciones son entre el gobernante y sus súbditos, los padres y los hijos, los hermanos mayores y menores, el esposo y la esposa, y entre dos amigos.

¿Es una religión?

Se ha dicho que el confucianismo es una filosofía en vez de una religión, porque pone más énfasis en ser un buen ciudadano que en la espiritualidad. Además, no ha tenido nunca la estructura de una religión con sacerdotes y la gente adora a Confucio como gran maestro, no como un dios. Sin embargo, Confucio dijo: "El cielo es el autor de la virtud que hay en mí", lo cual implica que consideraba que el cielo es una especie de ser supremo.

No hagas a los demás lo que no quieres que te hagan a ti.
Confucio

El culto

El confucianismo da gran importancia a los rituales, que a menudo se realizan para fortalecer las cinco relaciones. Uno de los más destacados es el culto a los antepasados, puesto que existe la creencia de que el alma continúa viviendo después de la muerte. El culto a los antepasados se rinde en casa o en altares especiales en los templos. Se les hacen ofrendas de comida, bebida y dinero. En los aniversarios de la muerte y en las festividades más importantes, se realizan ceremonias más complicadas.

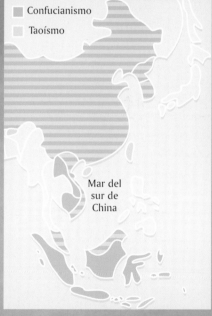

Confucianismo

Taoísmo

Mar del sur de China

Este mapa muestra las áreas del sureste asiático donde se practica el taoísmo y el confucianismo, además de otras religiones como el islamismo o el budismo.

LINKS DE INTERNET
• En **www.usborne-quicklinks.com/es** tienes un enlace a una página sobre el taoísmo. Podrás averiguar qué es el Tao (aunque es imposible definirlo) y leer citas del pensamiento taoísta.

• En **www.usborne-quicklinks.com/es** tienes un enlace a una página con citas célebres de Confucio.

EL JAINISMO

La figura principal en la historia del jainismo es Mahavira, un hombre que vivió en la India en el siglo VI a.E.C. Fue contemporáneo de Buda y se menciona en las escrituras budistas. Los jainistas comparten algunas creencias con los hindúes y los budistas. Hoy en día hay unos 3 millones de jainistas, casi todos en la India.

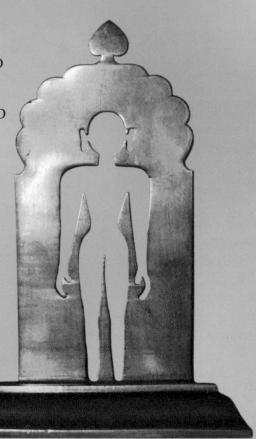

Icono jainista de metal del siglo XVIII. La silueta de la persona representa un alma liberada del continuo ciclo de reencarnaciones.

Creencias jainistas

Según las creencias jainistas, todo ser vivo tiene un alma atrapada en un ciclo constante de reencarnaciones. Para lograr el *moksa* o liberación de este ciclo, hay que ser fiel a tres ideas centrales.

Estas ideas se conocen como las tres joyas y son: la creencia correcta (en el jainismo), el conocimiento correcto (el aprendizaje sobre la fe) y la conducta correcta (mediante el seguimiento de la fe).

Los jainistas no creen en un ser supremo. Para ellos el universo no tiene principio ni fin, así que no necesitan tener fe en un creador.

En la felicidad y el sufrimiento, en la alegría y el dolor, deberíamos considerar a todas las criaturas como consideramos nuestro propio ser.

Mahavira

Lo primero es el conocimiento, luego la compasión; así es como viven los disciplinados. ¿Cómo podría un ignorante distinguir entre el bien y el mal?

Dashvaikalik Sutra

Los jainistas intentan lograr el *moksa* mostrando un gran respeto por todas las formas de vida. Las ilustraciones siguientes indican cómo lo consiguen.

Intentan no hacer daño a ningún ser vivo, y suelen barrer por donde pasan para apartar hasta a los animales diminutos.

Son vegetarianos estrictos y no comen tubérculos, puesto que al arrancar la raíz muere toda la planta.

Muchos llevan un paño sobre la nariz y la boca para que al respirar no pueda entrar en ellas algún insecto.

Las personas que logran el *moksa* mientras viven se llaman *jinas*, que significa 'los vencedores'. De aquí deriva el nombre 'jainismo'.

Para los jainistas, Mahavira es el último de los 24 *jinas* que han existido en nuestra era. Los *jinas* predican a los demás el conocimiento que han obtenido y son considerados deidades.

La liberación

Según el jainismo, nuestras acciones crean karmas: las buenas acciones crean buenos karmas y las malas atraen karmas malos. Estos karmas están atados al alma e influyen en lo que nos sucederá en otras reencarnaciones.

Cuando el alma logra por fin el *moksa* se libera del peso de los karmas y se eleva a la cima del universo, donde descansa en estado de éxtasis. Este estado es el nirvana.

Monjes y monjas

El jainismo enseña que las cosas materiales no dan la felicidad y que hay que poseer lo menos posible. La religión exige una gran disciplina y algunos de sus seguidores deciden hacerse monjes o monjas. Muchos jainistas, sin embargo, son grandes comerciantes y gente de negocios.

Para hacerse monjes o monjas, los jainistas tienen que hacer ciertos votos (promesas), que incluyen cinco grandes votos de no violencia, sinceridad, honradez, castidad y renuncia a las posesiones terrestres.

Los *digambaras* son monjes que no llevan ninguna ropa, puesto que han renunciado a toda posesión. Su nombre significa 'vestidos de cielo'. Los *shvetambaras* ('vestidos de blanco') llevan sólo túnicas blancas.

Peregrinaciones

Muchos lugares importantes de peregrinación están relacionados con los *jinas*. Uno de ellos está en Pava, donde murió Mahavira. Mucha gente acude a Pava en la fiesta de Diwali, en la que desde la medianoche hasta la mañana siguiente los peregrinos celebran la liberación del alma de Mahavira.

En la India hay miles de templos jainistas, atendidos por sirvientes del templo. Muchos fieles los visitan para adorar imágenes como las estatuas de los *jinas* que aparecen en esta ilustración. En la fotografía se ve también un sirviente del templo realizando un ritual llamado *puja*.

Festividades y rituales

Diwali y Paryushana son dos fiestas importantes. La primera coincide con el Diwali hindú, pero los jainistas celebran la muerte de Mahavira y la llegada de su alma al *nirvana* final. El Paryushana es un festival que dura de 8 a 10 días, en el que se intenta que el alma recupere sus virtudes originales, como la paz, la compasión y el perdón.

En el último día de Paryushana se celebra el Samvatsari Pratikraman, en el que todos los jainistas realizan un ritual llamado *pratikraman*, mediante el cual se arrepienten y piden perdón por todo lo que hayan hecho mal, ya fuera con intención o sin ella.

Muchos jainistas realizan el *pratikraman* de vez en cuando a lo largo del año, pero todos tienen que tomar parte en él durante las festividades. Creen que si no practican este ritual por lo menos una vez al año, los karmas se apegarán a su alma con más fuerza que nunca, por lo que será más difícil liberarse de ellos y alcanzar el *moksa*.

LINK DE INTERNET
• En **www.usborne-quicklinks.com/es** tienes un enlace a una página sobre el templo de Adinath, en Rankpur, el mayor templo jainista. Hay fotos y enlaces a otros templos más pequeños.

EL BAHAÍSMO

El bahaísmo es una religión nueva que comenzó en Persia (ahora Irán) en el siglo XIX. Su fundador fue Baha Ullah, palabra que significa 'gloria de Dios'. Los bahais lo consideran el último y el más importante de la cadena de profetas formada por Moisés, Krishna, Buda, Cristo y Mahoma. Hoy en día hay más de 3 millones de bahais en el mundo.

El símbolo del bahaísmo es la estrella de nueve puntas. El nueve es el número más alto de una sola cifra y según los bahais representa lo completo.

La historia

Persia era un país islámico en el siglo XIX. En el año 1844, un mercader llamado Mirza Ali Muhammad, conocido como el Bab ('la puerta de la verdad'), predijo que después de él llegaría un gran profeta. Se le consideró una amenaza para el Islam, las autoridades lo detuvieron y más tarde fue ejecutado. Después de su muerte se erigió un santuario en su honor en Haifa, Israel.

En 1863 Baha Ullah, hijo de un noble, proclamó ser el profeta que había vaticinado el Bab. A partir de entonces tuvo que vivir en el exilio. Sus partidarios, que antes habían seguido al Bab, se apartaron del islamismo y desarrollaron una nueva religión: el bahaísmo.

La voluntad de Dios, según la creencia de Baha Ullah, era que él y sus seguidores intentaran unificar a la humanidad, a la que consideraban una sola raza. Había llegado la hora de iniciar una nueva era de paz y justicia, que acabaría con los prejuicios religiosos y raciales.

Hoy en día los bahais de culturas diferentes se reúnen en conferencias para debatir las leyes y temas del bahaísmo, como la unidad mundial y el fomento de los derechos humanos.

Citas bahaístas

Bienaventurado el que prefiere a su hermano antes que a sí mismo.
Baha Ullah

La Tierra es un solo país y la humanidad, sus habitantes.
Baha Ullah

Tan potente es la luz de la unidad que puede iluminar la Tierra entera.
Baha Ullah

Creencias bahaístas

Los bahais creen que todas las religiones adoran al mismo Dios. Baha Ullah enseñó que los profetas de distintos credos, como Moisés, Jesús y Mahoma, impartieron el mensaje del único Dios. Sostenía también que el objetivo común de los profetas era preparar a la raza humana para la unión de las distintas ideas y religiones en una sola fe. A continuación figuran cinco creencias bahaístas.

1. *Todos los hombres somos iguales, independientemente del sexo o la raza.*

2. *Hay que lograr la unidad de las religiones.*

3. *No debe haber extremos de pobreza o riqueza.*

4. *Todo el mundo debería recibir educación.*

5. *La religión auténtica debería estar en armonía con el conocimiento científico.*

Las leyes bahaístas

Según los bahais, la vida en este mundo es una preparación para el mundo espiritual después de la muerte, y por tanto hay que cultivar el alma siguiendo unas estrictas reglas y leyes de comportamiento. El *Kitáb-i-Aqdas*, conocido como El Libro Más Sagrado, forma parte de las escrituras bahaístas y contiene las leyes de Baha Ullah, algunas de las cuales se describen a continuación.

Según las leyes bahaístas los fieles deben rezar y meditar todos los días. No deben comer durante las horas de luz 19 días al año.

En el bahaísmo no se aprueba el consumo del tabaco, el alcohol y otras drogas, porque todas ellas entorpecen la mente.

Dan mucha importancia al matrimonio porque creen que forma la base de una sociedad próspera y estable.

El culto

El calendario bahaísta tiene 19 meses de 19 días. El primer día de cada mes se celebra la Fiesta del Día Diecinueve, por lo general en una casa particular. Esta fiesta es el evento principal del culto de la comunidad bahaísta y se considera espiritual, aunque se sirve comida y bebida. Los rituales incluyen oraciones, lectura de las escrituras y música, que suele reflejar la cultura de la región donde se celebra la fiesta.

Hasta ahora los bahais se han dedicado a formar comunidades más que a construir templos. Actualmente existen siete casas de culto bahaísta en todo el mundo. Estas casas son lugares de oración y meditación abiertos a personas de todas las religiones y no hay sacerdotes ni sermones.

Peregrinaciones

Los bahais han sufrido persecución en Irán a manos de varios gobiernos musulmanes. Todavía están discriminados en este país y les resulta difícil peregrinar al lugar donde vivió el Bab. También tienen dificultades para visitar el emplazamiento de la casa de Baha Ullah en Irak.

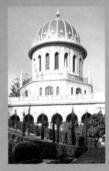

El templo de Haifa en Israel, donde está la tumba del Bab.

Los bahais tienen su base en Haifa, Israel, donde está enterrado el Bab y donde estuvo Baha Ullah varias veces. Los fieles intentan visitar este lugar por lo menos una vez en la vida.

LINK DE INTERNET

• En **www.usborne-quicklinks.com/es** tienes un enlace a la página de El Mundo Bahaísta, donde podrás ver una galería de fotos de las casas de culto, leer sobre las costumbres de los bahais y sobre los seguidores de esta fe en el mundo.

Este templo con forma de flor de loto en Nueva Delhi, India, fue construido en 1986 y es la casa más reciente de culto bahaísta. Como otras casas de culto, tiene nueve lados y una cúpula central.

EL MAZDEÍSMO

El mazdeísmo es la religión de la antigua Persia (ahora Irán), reformada por el filósofo Zaratustra (Zoroastro), quien vivió en torno al 600 a.E.C., aunque algunos expertos opinan que pudo haber pertenecido a una época muy anterior. Hoy en día, esta religión cuenta con más de 150.000 seguidores, sobre todo en Irán y la India. Los mazdeístas que viven fuera de Irán se llaman parsis (persas).

Zoroastro lleva fuego, símbolo sagrado de la religión mazdeísta.

Las creencias de Zoroastro

Zoroastro enseñaba que sólo había un Dios creador, Ahura Mazda, nombre que significa 'Señor Sabio', y condenaba el culto a muchos dioses, práctica común en Persia en aquellos tiempos.

Según las enseñanzas mazdeístas, en la mente existen dos energías opuestas: Spenta Mainyu, una energía positiva que crea la bondad, y Angra Mainyu, una energía negativa que crea el mal. El mazdeismo sostiene que todos somos libres de elegir entre Spenta Mainyu y Angra Mainyu, y que por tanto somos responsables de nuestros propios actos.

Este medallón de oro del siglo V a.E.C. es una representación de Angra Mainyu, el principio del mal que impide que el mundo sea perfecto.

Los mazdeistas ponen a sus muertos en 'torres de silencio' abiertas por arriba. La de la ilustración, en Irán, se ve desde el interior de otro edificio.

Si elegimos el camino de los buenos pensamientos, las buenas palabras y las buenas acciones, podremos ser perfectos y así crear un mundo perfecto y el paraíso en la Tierra. Del mismo modo, el camino del mal lleva a crear un infierno en la Tierra.

No hagas a los demás lo que no es bueno para ti.

Shayast-ne-Shayast

El fuego sagrado

En esta religión el fuego es el símbolo de la verdad, el 'hijo' de Ahura Mazda, por lo que se le muestra un gran respeto. En los templos siempre hay una llama ardiendo, y los mazdeístas suelen rezar delante del fuego o alguna luz, para concentrarse en Ahura Mazda.

El entorno

Los mazdeístas sostienen que es importante no contaminar el entorno, sobre todo la tierra, el fuego, el aire y el agua. La tierra, por ejemplo, no debe contaminarse enterrando cadáveres, y la incineración supone un gasto de combustible. Por lo tanto muchos mazdeístas siguen la costumbre de poner a los muertos en edificios aislados, de paredes altas y abiertos por arriba, a los que llaman 'torres de silencio'. Allí los cuerpos se descomponen al calor del sol y más tarde los huesos se entierran en una fosa.

┌─ LINK DE INTERNET ─
• En www.usborne-quicklinks.com/es tienes un enlace a una página con la biografía de Zoroastro.

LOS RASTAFARIS

La religión rastafari es muy reciente. Fue fundada en Jamaica en la década de 1930 y tiene más de 100.000 seguidores, principalmente en Jamaica, aunque se ha extendido a otras comunidades afrocaribeñas, sobre todo en EEUU y Japón.

Los rastafaris creen que el emperador etíope Haile Selassie es el mesías negro.

La historia

El jamaicano Marcus Garvey predijo que en África surgiría un mesías negro. En 1930, Ras (príncipe) Tafari subió al trono de Etiopía, pasó a ser el emperador Haile Selassie, y fue aclamado mesías.

Los rastafaris suelen llevar ropa con rayas verdes, azules y rojas, que son los colores de la bandera de Etiopía.

Muchos rastafaris llevan el pelo al estilo de los antiguos sacerdotes africanos, recogido en trenzas largas y finas.

La música forma parte importante del culto. Los músicos rastafaris como Bob Marley desarrollaron el rítmico estilo del 'reggae'.

Etiopía tenderá las manos hacia Dios

La Biblia. Salmo 68

Si persigues metas egoístas no llegarás más allá de ti mismo, pero si persigues metas para todos, metas comunes, llegarás incluso a la eternidad.

Marcus Garvey

Creencias rastafaris

Los rastafaris aceptan algunas enseñanzas de la *Biblia* porque es la tradición de Etiopía. Creen que Jah (Dios) tomó forma humana como Moisés, Elijah, Jesús y finalmente Ras Tafari.

Debido a su historia de esclavitud y opresión, los rastafaris comparan el destino de todos los negros de Occidente con el de los israelitas, que fueron esclavos en Egipto (ver página 25) y Babilonia. Creen que no serán libres hasta que vuelvan a África. Para muchos rastafaris, África es un estado espiritual, más que un lugar geográfico. No creen en la vida después de la muerte, de modo que consideran que África, sobre todo Etiopía, es el cielo en la Tierra y suelen llamarla Sión.

Los rastafaris intentan estar en contacto con la naturaleza. Suelen ser vegetarianos y no fuman tabaco ni beben alcohol o café, pero usan marihuana, planta que consideran sagrada y que fuman como parte de su culto, pero que prohíbe la ley de algunos países.

LINK DE INTERNET
• En **www.usborne-quicklinks.com/es** tienes un enlace a una página sobre la música reggae y los artistas que la interpretan.

Este rastafari lleva una túnica de rayas verdes, amarillas y rojas, como la bandera de Etiopía. Las palabras 'libertad' y 'redención' escritas en su vara son dos metas de su religión.

LAS RELIGIONES LOCALES

 Ya en la prehistoria existían diferentes religiones locales, seguidas por pequeños grupos sociales. Suelen llamarse religiones originales o primarias y casi todas enseñan que el mundo está lleno de espíritus que afectan al hombre y al mundo natural.

Esto es una matraca de chamán. Los chamanes las utilizan en los rituales.

Variaciones e influencias

Existen muchas variantes entre las religiones locales, porque se practican en distintas partes del mundo. Muchas carecen de escrituras y las creencias pasan de una generación a otra por tradición oral.

Estas religiones suelen estar amenazadas por otras sociedades más poderosas, hasta el punto de que algunas han desaparecido por completo o bien han sido influenciadas y modificadas por doctrinas diferentes. La santería, por ejemplo, practicada en el Caribe, es una mezcla de creencias tribales africanas y catolicismo romano.

Los cultos locales pueden también afectar a las religiones más extendidas. En África, por ejemplo, ha habido una influencia mutua entre las creencias locales y el cristianismo e islamismo.

En muchas religiones locales la danza forma parte del culto. Los bailarines, como éste de la República Democrática del Congo, en África, suelen llevar máscaras y trajes que representan a los espíritus.

Los chamanes

Los chamanes, que pueden ser hombres o mujeres, son importantes en muchas religiones locales. Se cree que el alma de los chamanes puede viajar al mundo espiritual y comunicarse con los espíritus. Algunos de estos espíritus son asistentes que les otorgan el conocimiento necesario para su trabajo en este mundo. Existe la creencia, por ejemplo, de que el consejo de estos asistentes espirituales ayuda a los chamanes a curar enfermedades, a solucionar problemas graves e incluso evitar catástrofes naturales.

Mediante el ritmo de los tambores, danzas y cantos, los chamanes alcanzan un estado mental llamado trance. Creen que mientras están en trance, su alma viaja al mundo de los espíritus. Los chamanes dirigen también ceremonias en la comunidad, para crear un puente entre el mundo natural y el espiritual.

El término 'chamán' proviene de la tribu evinki de Siberia y significa 'el que sabe'. Los chamanes se encuentran sobre todo en Norteamérica y Sudamérica, el norte y sureste de Asia, Indonesia, Japón y Australia. Es posible que en el pasado hubiera chamanes en más lugares del mundo, en algunas religiones que ahora han desaparecido.

ÁFRICA

Las creencias tradicionales africanas varían de unos grupos sociales a otros. En general se expresan mediante mitos y en reuniones de la comunidad.

En África existe la creencia común en un ser supremo y creador. Se suele considerar que el mal es causado por los espíritus, a veces llamados embaucadores, y por los hombres que hacen mal uso de sus poderes.

Muchos grupos creen también que el ser supremo tiene asistentes que ayudan a los humanos. Los yoruba, de Nigeria y Benín, los llaman *orishas*. Según sus creencias, existen 401 *orishas* y cada uno cuenta con sus propios poderes especiales.

Dios es un gran ojo que ve todo lo que hay en el mundo.
Proverbio sudanés

Los rituales son parte importante de las tradiciones religiosas en África y en general consisten en hacer ofrendas a algún espíritu menor para invocar su poder o su ayuda. Se suele recurrir a los espíritus menores y no al ser supremo porque el ser supremo ya sabe todo lo que pasa en el mundo.

Este chamán sudafricano sostiene una escobilla para invocar a los espíritus. Lleva pieles y un tocado de púas de puerco espín para aumentar sus poderes.

La persona que se encarga de ejecutar los rituales suele vestir trajes que imitan el aspecto de un espíritu menor, con el fin de invocarlo y animarlo a que penetre en su cuerpo.

Aunque en la actualidad, las religiones más comunes en África son el islamismo y el cristianismo, todavía florecen las religiones tradicionales como las descritas en estas páginas.

Dios es como un hombre rico. Hay que llegar a él a través de sus criados.
Proverbio igbo

El vodun

La palabra 'vodun' viene de un vocablo de la lengua fon, que significa 'Dios' o 'espíritu'. En otros tiempos miles de africanos, incluidos muchos de la tribu yoruba, fueron llevados como esclavos a Haití. Estos esclavos africanos fueron combinando las creencias tradicionales de su tierra con la fe católica de los franceses que gobernaban el país. En 1987 el vodun o vudú se reconoció como la religión nacional de Haití.

Todos los seguidores del vodun creen en un ser supremo, pero cada grupo sigue a diferentes espíritus, llamados *loa*. Los rituales se realizan para mantener contentos a estos espíritus, a los que también se pide salud y buena suerte. Los sacerdotes, que pueden ser hombres o mujeres, dirigen las ceremonias. Los templos tienen siempre un poste en el centro, donde se cree que Dios y los espíritus toman contacto con los hombres.

Situación de Haití

LINK DE INTERNET

• En www.usborne-quicklinks.com/es tienes un enlace a una página dedicada a los dioses del mundo antiguo. Haz clic en el índice de dioses africanos.

AUSTRALIA

La población nativa de Australia la forman los aborígenes, quienes se calcula que han vivido más de cincuenta mil años en el continente australiano. La palabra aborigen quiere decir 'desde el principio'.

El Sueño

El concepto principal de sus creencias es el Sueño, en especial un período conocido como Tiempo del Sueño, al principio de la creación. Durante el Tiempo del Sueño, se extendieron por la Tierra unos enormes seres espirituales, que asumieron gran variedad de formas, como la de canguro, o la de ser humano, pero sobre todo la de serpientes gigantes.

Estos niños aborígenes participan en una ceremonia que señala su entrada en el mundo de los adultos. Se cree que los dibujos en su piel los ayudarán a crecer.

Los espíritus crearon el paisaje y hasta dejaron en él algo de ellos mismos, por ejemplo, de sus ojos hicieron pozos de agua y de sus colas árboles.

Estos espíritus crearon también todos los seres vivos, incluyendo al hombre, y las almas de los que nacerían en el futuro.

Finalmente, los espíritus se transformaron en animales, estrellas y montañas. Por esto, los seres humanos, los animales y la tierra están íntimamente relacionados.

> No hay sendas para el caminante.
> Las sendas se hacen al caminar.
> Dicho aborigen australiano

El Sueño es también un lugar espiritual. Los aborígenes creen que si realizan rituales en los sitios que son sagrados para los espíritus, por ejemplo, una roca determinada o un árbol, lograrán ir más allá del mundo natural y alcanzar el mundo espiritual.

Los lugares sagrados o 'del Sueño' son muy importantes. Cuando una persona nace cerca de un lugar sagrado se cree que es una encarnación del espíritu asociado con el sitio en cuestión.

La roca de la ilustración es el Uluru o Ayers Rock. Durante siglos los aborígenes han realizado rituales en las cuevas de Uluru y muchas de las paredes están decoradas con imágenes del Tiempo del Sueño.

Hombres santos

Los hombres santos o *karadjis* están en contacto directo con el Sueño y sus seres espirituales. A veces llevan plumas en los tobillos, que simbolizan su capacidad de 'volar' al mundo de los espíritus. Los *karadjis* son los únicos que crean nuevas danzas, canciones e historias sobre el Sueño.

Historias del Sueño

Las historias locales y los mitos que apoyan las creencias sobre el Sueño se trasmiten oralmente de una generación a otra y a veces se ven representados en el arte.

La narración de mitos se acompaña de instrumentos, como estos palos.

Los mitos describen también el paisaje local y su creación con tanto detalle que se pueden trazar mapas imaginarios. Originalmente los mapas de todos los grupos estaban conectados y cubrían todo el país. Pero hoy en día sólo un 1,5% de la población de Australia se considera aborigen y por tanto se han roto muchos de los eslabones entre los grupos y se han perdido algunas creencias y conocimientos.

LAS ISLAS DEL PACÍFICO

La región del Pacífico ocupa aproximadamente una quinta parte de la superficie del mundo y comprende más de 20.000 islas. Se suele dividir en tres áreas principales: Melanesia, Polinesia y Micronesia. Aunque hoy en día la religión principal en todas ellas es el cristianismo, aún existen algunas creencias tradicionales.

La creación

Los habitantes de las islas tienen distintas creencias en cuanto a la naturaleza del universo. Por ejemplo, los maoríes de Nueva Zelanda piensan que el universo no fue creado y que no tiene ni principio ni fin.

Las diferentes mitologías de la región del Pacífico tienen en común la figura de Maui, un espíritu embaucador que corre muchas aventuras. Se le atribuye la creación de las islas del Pacífico, que según el mito arrancó del fondo del mar, y el robo del fuego, que regaló a los seres humanos.

Amuleto maorí de jade. Se llevaría para traer suerte y asegurar la fertilidad.

La fuerza sagrada

Muchos pueblos melanesios y polinesios comparten la creencia en el *mana*, una fuerza sagrada presente en todas las cosas. Se considera muy poderoso sobre todo en personas importantes, como por ejemplo, en los jefes. Hasta hace poco, los jefes de Tahití nunca rozaban el suelo cuando recorrían la isla porque se pensaba que la potencia de su *mana* convertiría en lugar sagrado aquello que pisaran.

Los maoríes de Nueva Zelanda adoran a sus antepasados y suelen representarlos en estatuas de madera para mostrar su respeto.

Las reglas de la comunidad

Para que la comunidad no pierda *mana*, se han creado estrictas reglas de comportamiento. Por ejemplo, se prohíbe la entrada a lugares sagrados porque se podría destruir el *mana* que hay en ellos.

El castigo tradicional por romper las reglas importantes, como tocar la cabeza de un jefe, solía ser la muerte.

Se cree que los espíritus castigan a quien desobedece las reglas menores, casi siempre con enfermedades o mala suerte.

Muchos siguen su religión simplemente cumpliendo los rituales y las reglas, que se llaman *tabu* o *tapu*. De aquí proviene la palabra occidental "tabú". Sin embargo, otras personas son elegidas para estudiar en más profundidad la religión mediante la narración de mitos.

Si das pescado a un hombre, vivirá día a día. Si le enseñas a pescar vivirá para siempre.

Dicho maorí

LINKS DE INTERNET

• En **www.usborne-quicklinks.com/es** hay un enlace al portal Rapanui, donde encontrarás información y fotografías sobre la isla de Pascua.

• En **www.usborne-quicklinks.com/es** tienes otro enlace a una página cor la leyenda del rey maorí Hotu Matua y su travesía en busca de nuevas tierras.

NORTEAMÉRICA

Los indios nativos de América del Norte viven en grupos sociales (tribus) cuya historia se remonta más de 30.000 años. Las creencias de las diferentes tribus son muy distintas, pero todas ellas tienen en común una relación muy estrecha con el entorno natural, que se refleja en sus ceremonias.

Trata bien a la tierra: no te la dieron tus padres, te la prestaron tus hijos. No heredamos la tierra de nuestros antepasados sino que la tomamos prestada de nuestros hijos.
Proverbio indio

Esta mujer india sostiene una pipa ceremonial.

La pipa de la paz

En todas las tribus de América del Norte existe la ceremonia de fumar tabaco en una pipa que comparten por turno los miembros del grupo. Según sus creencias, este ritual les une al mundo espiritual, como se explica a continuación.

Cuando la planta del tabaco crece, las raíces se hunden profundamente en la tierra, conectándola así con el mundo natural.

Cuando se quema el tabaco el humo se eleva hacia el cielo, creando una conexión con el mundo espiritual.

En la pipa ceremonial se unen la tierra y el cielo, es decir, el mundo natural y el espiritual; por eso se maneja con gran respeto.

La purificación

La ceremonia de purificación o *inipe* es importante entre los indios de las praderas y también entre muchas otras tribus. Tiene lugar en una cabaña circular hecha de ramas, que se llena de vapor para hacer sudar al cuerpo. Su significado es espiritual, ya que se considera un proceso de renacimiento. Las ceremonias varían de una tribu a otra, pero todas tienen puntos en común.

Antes de la ceremonia principal se realiza un ritual que consiste en dirigir hacia el corazón y por encima de la cabeza humo de salvia y pasto dulce. Se cree que así se liberan las bendiciones de las plantas y se sustituyen las energías negativas de personas individuales o de todo el grupo con energías positivas.

Dentro de la cabaña

La ceremonia suele dirigirla un chamán (ver página 100), que forma un eslabón entre el mundo espiritual y el mundo natural. Primero se ponen a calentar varias rocas en una hoguera y luego se colocan dentro de un agujero situado en el centro del refugio.

La cabaña se cubre con mantas o paños gruesos para que no escape el calor que despiden las rocas y no entre la luz.

Al principio se echa salvia en las rocas para eliminar las energías negativas del refugio. Luego se pone pasto dulce para invocar a los buenos espíritus y para que les lleguen las oraciones. Las ilustraciones siguientes muestran otros rituales que a veces se realizan durante la ceremonia.

Se echa agua sobre las rocas ardientes, que al evaporarse, llena de vapor el oscuro interior de la cabaña.

Se ofrecen oraciones de gracias y alabanzas a los espíritus. Se cantan canciones sagradas y se pide ayuda y guía.

Sólo cuando se tale el último árbol, sólo cuando se envenene el último río, sólo cuando se pesque el último pez, sólo entonces descubriréis que el dinero no se come.
Profecía de la tribu cree

SUDAMÉRICA

Muchos de los grupos sudamericanos que todavía siguen religiones locales viven en la selva o en zonas montañosas y tienen muy poco contacto con otras culturas. Su relación con la tierra y el entorno es muy importante y muchos de sus rituales y ceremonias tienen por objeto conservar el equilibrio de los ciclos naturales.

Los chamanes (ver página 100) son vitales para muchos de estos grupos. Por ejemplo, la cuarta parte de los hombres de la tribu huichol de México son chamanes, y los miembros de la tribu se hacen llamar 'los sanadores'.

Los indios warao de Venezuela tienen tres tipos de chamanes. Uno de ellos, el *wisiratu*, utiliza un instrumento sagrado para curar enfermedades y como parte de sus rituales: el *hebu mataro*, que es un fruto grande y hueco lleno de piedras. Los warao creen que el ruido que produce es la voz de un espíritu guía.

El mundo espiritual

Muchas tribus consideran que el mundo que conocemos forma parte de un mundo espiritual más grande. Los yanomami, por ejemplo, que viven en la selva de Brasil, creen que tienen con el mundo espiritual la misma relación que pueden tener unos con otros.

Los yanomami creen que liberan los espíritus de los animales cuando los cazan y de las plantas cuando las cultivan. Los espíritus se vengan atacando a las personas en sueños, casi siempre causando enfermedades. Sólo los pueden controlar los chamanes, mediante cantos y danzas que solicitan la ayuda de los espíritus mediadores.

LAS REGIONES ÁRTICAS

En países como Siberia y Alaska los chamanes desempeñan un papel fundamental. Los buryats de Siberia reconocen dos clases de chamanes: los chamanes 'blancos', que trabajan con los dioses, y los chamanes 'negros', que invocan a los espíritus. Se cree que muchos chamanes pueden transformarse en aves y otros animales para viajar al mundo espiritual.

Los inuit de Alaska creen en muchos espíritus. El más importante es Sedna, un espíritu mitad mujer y mitad foca que vive en el mar y controla las acciones de todos los animales marinos. Si se enfada impide que los cazadores atrapen focas, pero si está contenta les proporciona alimentos del mar. Se supone que los chamanes pueden interceder ante Sedna.

LINKS DE INTERNET

• En **www.usborne-quicklinks.com/es** hay un enlace con información y fotografías de los indios warao, que habitan en el delta del Orinoco.

• En **www.usborne-quicklinks.com/es** tienes el enlace a un sitio sobre tribus nativas de América del Norte.

Este chamán siberiano lleva un tambor y un traje que simboliza el animal guía que ha elegido. Tanto el tambor como el guía ayudan al chamán a viajar al mundo espiritual.

RELIGIONES EXTINGUIDAS

Han desaparecido muchas religiones antiguas; algunas porque se extinguieron con las sociedades que las practicaban, otras porque sus adeptos se convirtieron a otras religiones. Casi todo lo que se sabe de estas creencias antiguas proviene de hallazgos arqueológicos. En estas páginas encontrarás datos sobre algunas religiones del pasado.

Pintura rupestre del hombre de Cromagnon. Es posible que pinturas como ésta fueran parte de alguna ceremonia religiosa primitiva.

Las primeras religiones
(c. 35.000 a.E.C.)

Los arqueólogos piensan que el hombre de Cromagnon, que se considera el antecesor directo más antiguo del hombre moderno, se interesó por el mundo espiritual. Se cree que intentaba comprender el mundo que le rodeaba y explicar las grandes fuerzas de la naturaleza que podían provocar diversas catástrofes.

Los hombres de Cromagnon tallaban en piedra figuras femeninas, en general obesas o embarazadas, así como estatuas de arcilla que secaban al fuego. Tal vez creyeran que les traerían suerte.

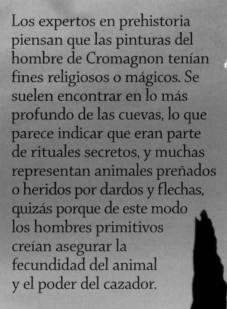

Esta figura, que podría ser una diosa de la fertilidad, se descubrió en Austria. Se calcula que tiene unos 22.000 años.

Los expertos en prehistoria piensan que las pinturas del hombre de Cromagnon tenían fines religiosos o mágicos. Se suelen encontrar en lo más profundo de las cuevas, lo que parece indicar que eran parte de rituales secretos, y muchas representan animales preñados o heridos por dardos y flechas, quizás porque de este modo los hombres primitivos creían asegurar la fecundidad del animal y el poder del cazador.

Cerca de algunas cuevas se han encontrado huellas de niños y adultos. Es posible que las pinturas formaran parte de algún rito de iniciación y que los niños tuvieran que superar alguna prueba antes de entrar por vez primera en la cueva a tomar contacto con el mundo espiritual.

En la cueva de Les Trois Frères, al suroeste de Francia, hay una pintura rupestre en la que aparece una figura vestida con pieles y plumas y lo que parece ser un tocado de astas de reno. Algunos expertos creen que se trata de un chamán: una persona a la que se considera dotada de poderes especiales para comunicarse con el mundo espiritual.

Los hallazgos de utensilios y restos de comida que los arqueólogos han encontrado en algunas tumbas parecen indicar que el hombre de Cromagnon creía en otra vida después de la muerte, en la que serían necesarios tales objetos.

Agricultores primitivos
(10.000-5600 a.E.C.)

La agricultura se desarrolló hace unos 11.000 años en Oriente Medio (ahora Turquía, Siria, Irán e Irak). Las estatuillas de piedra que se han hallado de esta época sugieren que los agricultores primitivos creían en una Diosa Madre responsable de la fertilidad de los animales y las cosechas. A veces se asociaba con ella a un joven dios cuyo símbolo era un toro.

En los santuarios excavados de la antigua ciudad de Catal Hüyük, (moderna Turquía), se han hallado pinturas murales de sacerdotisas realizando rituales vestidas de buitres. También se han hallado cráneos en cestas depositadas ante cabezas de toro hechas de yeso.

Algunas comunidades agrícolas levantaron enormes bloques de piedra, que llamamos megalitos. Los que se erigieron en torno al 3200 a.E.C. en el noroeste de Europa se dispusieron en hilera o en grandes círculos. Es posible que estos monumentos tuvieran fines religiosos.

En la ilustración aparece parte del Anillo de Brodgar, en las islas Orcadas (Escocia). Existen varias teorías sobre los ritos que pudieran haberse celebrado en este círculo megalítico que data del 1560 a.E.C.

Mesopotamia
(c. 3500 a.E.C.-100 E.C.)

Mesopotamia ocupaba más o menos lo que hoy es Irak. Allí se desarrolló la primera escritura en torno al 3500 a.E.C., de modo que existen registros de las creencias y las prácticas de los pueblos que la habitaron. Adoraban a muchos dioses y cada aldea tenía una deidad protectora, que residía en un templo levantado sobre una plataforma. Alrededor del 2000 a.E.C., se construyeron templos con forma de torre escalonada, llamados zigurats.

Las tumbas reales encontradas en Ur contenían muchos esqueletos humanos. Parece ser que los súbditos se suicidaban para seguir al rey o la reina al otro mundo.

Estatuillas de tres sacerdotes mesopotámicos con las manos en gesto de oración.

Los minoicos
(c. 2500-1450 a.E.C.)

La religión de los minoicos, habitantes de la isla de Creta, en el mar Mediterráneo, daba gran importancia a las sacerdotisas y a las diosas. Hacían ofrendas en santuarios situados en montañas y en las ciudades dedicaban al culto la sala principal de sus palacios.

Pintura mural con figuras saltando el toro

En los grandes patios de los palacios minoicos tenía lugar un peligroso ejercicio, consistente en agarrar a un toro por los cuernos y en saltar por encima de él dando volteretas. El toro era el animal sagrado del dios del mar, por lo que es posible que esta práctica fuera parte de un ritual religioso.

Los cananeos
(c. 1600-1200 a.E.C.)

Los cananeos habitaban Canaán, en el extremo oriental del mar Mediterráneo. Tenían muchos dioses, a los que sacrificaban animales y a veces personas. El más poderoso era Baal, dios de la lluvia; su esposa Asherah era la diosa del amor. Escogían para santuarios los lugares elevados.

LINKS DE INTERNET
• En www.usborne-quicklinks.com/es encontrarás el enlace a una página sobre religión en la prehistoria, con varios artículos sobre el tema.

EL ANTIGUO EGIPTO

La civilización del antiguo Egipto floreció entre los años 3500 y 30 a.E.C., aproximadamente. Los egipcios creían en muchos dioses, en la vida después de la muerte y en la necesidad de ser bueno en la Tierra. Estas creencias tradicionales comenzaron a declinar en el siglo I E.C., cuando el cristianismo se popularizó en Egipto. Más tarde, en el 641, una invasión árabe convirtió al país al islamismo, que es todavía la religión principal.

Maat, diosa de la verdad y la justicia

El emblema de Maat era una pluma de avestruz como la que lleva en la cabeza. El símbolo que lleva en la mano es un *ankh*, que en egipcio significa 'vida eterna'.

Dioses y diosas

Los egipcios tenían una multitud de dioses que controlaban todos los aspectos de la vida, la muerte y el más allá. La mayoría de las deidades eran significativas sólo en los hogares o en determinadas aldeas o ciudades, pero otras como Ra, el dios del Sol, eran importantes en todo el país.

A casi todos los dioses se les representaba con la cabeza del animal al que estaban asociados. Más tarde surgió la costumbre de tener en los templos ejemplares del animal relacionado con la divinidad correspondiente, y finalmente, se llegó a creer que algunas especies, como los gatos, albergaban parte del espíritu de los dioses.

Aproximadamente a partir del 2400 a.E.C., existió la creencia de que los reyes de Egipto, los faraones, eran dioses, porque se les suponía descendientes de Ra, dios del Sol y primer faraón de Egipto. También se pensaba que en los faraones habitaba el espíritu del dios Horus, creador de los hombres.

Templos y festividades

Los egipcios construyeron gigantescos templos de piedra para albergar a sus dioses. En cada templo había una estatua de la deidad a la que estaba dedicado, de cuyo cuidado se encargaban los sacerdotes. El pueblo no podía entrar en el templo, pero oraba en la explanada exterior.

Durante las fiestas la estatua se sacaba por las calles en una barca sagrada, llevada en hombros, con un cortejo de sacerdotes, músicos y bailarines. Los fieles podían hacer preguntas al dios, y el movimiento de la barca indicaba si su respuesta era un 'sí' o un 'no'.

Las estatuas del templo de Nefertari (la esposa del faraón Ramsés II) y Hathor (la gran Diosa Madre) en Abu Simbel, Egipto.

Tot, dios de la sabiduría y la escritura, tenía la cabeza del pájaro ibis. Escribía el veredicto cuando se pesaba el corazón de una persona después de la muerte (ver página siguiente).

La muerte

Según las creencias egipcias toda persona tenía tres almas llamadas *ka*, *ba* y *akh*. Para que el alma sobreviviera en el más allá, había que impedir que el cuerpo se descompusiera después de la muerte.

Los pobres solían ser enterrados en tumbas poco profundas. La arena caliente secaba deprisa los cadáveres, que así se preservaban bastante. Los que se lo podían permitir, conservaban los cuerpos mediante un elaborado proceso de momificación. Para ello había que extraer los órganos internos, rellenar el cadáver de lino, sal, serrín y especias, y luego envolverlo en vendas. El cuerpo se convertía así en una momia.

Esta ilustración del *Libro de los Muertos* muestra a Anubis, pesando con la Pluma de la Verdad el corazón de la difunta Anhai, que el dios Horus lleva de la mano. El monstruo que vigila, devorará a los malos de corazón pesado'.

Funerales y tumbas

Los funerales egipcios solían ser grandiosos. Los amigos y la familia acompañaban en procesión al cadáver hasta la tumba. Los nobles contaban también con plañideros profesionales, sacerdotes, animales para sacrificar y porteadores que llevaban las pertenencias del difunto. En la puerta de la tumba un sacerdote realizaba la ceremonia de la 'apertura de la boca', para restablecer las habilidades y la fuerza del muerto. El ataúd de madera se metía en otro de piedra, llamado sarcófago, y se encerraba en la cámara funeraria.

Las tumbas de los ricos estaban decoradas por dentro con escenas de la vida cotidiana, para que estas actividades prosiguieran después de la muerte. Las cámaras superiores de la tumba se dejaban abiertas para que la gente depositara ofrendas.

El más allá

Antes de entrar en el mundo del más allá el difunto tenía que superar varias pruebas. Para eso necesitaba amuletos y un *Libro de los Muertos*, que contenía hechizos, información y un mapa para superar los peligros.

Si el muerto superaba todas las pruebas, su corazón se pesaba con la Pluma de la Verdad.

Si había sido malo, su corazón pesaría mucho y el difunto sería devorado por un monstruo.

El corazón de las personas buenas no pesaría más que la Pluma. Estas personas vivirían felices en el otro mundo.

LINK DE INTERNET

• En **www.usborne-quicklinks.com/es** tienes un enlace a una página donde podrás explorar el mundo del antiguo Egipto, su religión, su historia y su cultura. También encontrarás animaciones sobre las pirámides y los jeroglíficos.

109

GRECIA Y ROMA

La civilización de la antigua Grecia floreció entre los años 750 y 30 a.E.C. La ciudad de Roma se fundó en torno al 753 a.E.C. y para el año 100 a.E.C. los romanos poseían un vasto imperio que duró hasta el 400 E.C. Al ir ampliando sus fronteras, la civilización romana entró en contacto con muchos países, entre ellos Grecia. Los romanos hicieron corresponder sus dioses con los dioses griegos, convirtiéndolos en la base de su religión oficial.

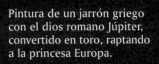

Pintura de un jarrón griego con el dios romano Júpiter, convertido en toro, raptando a la princesa Europa.

Dioses y diosas

Los griegos creían en muchas deidades que controlaban distintos aspectos de la vida y la muerte; las doce más importantes vivían en el monte Olimpo, que era el más alto de Grecia. Muchas leyendas describían la personalidad de las deidades, explicando lo que les complacía y lo que les hacía montar en cólera. El rey de los dioses era Zeus, que controlaba el cielo y el trueno.

Zeus, el dios griego, con su rayo en la mano. El rey de los dioses romanos, Júpiter, es el equivalente de Zeus.

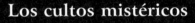

Vesta (Hestia para los griegos), era la diosa del hogar y tenía un altar en cada casa. En su templo de Roma, vigilaban un fuego sagrado seis doncellas (las vestales).

Además de rendir culto a los dioses principales, los romanos tenían dioses menores, como Flora y Fauno, responsables de la fertilidad. En sus casas veneraban a los *numina*, unos espíritus tutelares que incluían a los *penates*, protectores de almacenes y despensas, y a los *lares*, encargados del hogar. Cada familia tenía su propio espíritu guardián, el *genius*, y también espíritus ancestrales.

Aproximadamente a partir del 44 a.E.C., se popularizó el culto al emperador. Algunos fueron considerados dioses y venerados, pero por lo general, después de su muerte.

Los cultos mistéricos

Los romanos que no estaban satisfechos con la religión del estado, se iniciaban en los cultos mistéricos, que daban más importancia a la práctica de la virtud y, en algunos casos, prometían otra vida después de la muerte. La iniciación se hacía en etapas y después de un periodo de aprendizaje los fieles podían participar en los rituales.

El culto mistérico más famoso en Grecia era el de las diosas Deméter y Perséfone, en Eleusis. Entre los romanos se hizo muy popular, sobre todo entre los soldados, el culto masculino al dios persa Mitras. La diosa egipcia Isis también tenía muchos seguidores.

Deméter, diosa de las plantas y las cosechas

Mensajes de los dioses

Los griegos y los romanos creían firmemente en lo sobrenatural y emp... ban muchos métodos para vaticinar el futuro y conocer la voluntad de los dioses. En Grecia se consultaban oráculos, donde los dioses hablaban por boca de un sacerdote o sacerdotisa. El más famoso era el de Delfos, donde hablaba el dios Apolo a través de una pitonisa (sacerdotisa). Bajo estas líneas se explican algunos métodos romanos de adivinación.

Unos sacerdotes llamados arúspices examinaban el hígado... de los animales sacrificados, donde creían leer la voluntad de los dioses.

En Roma, un grupo de 16 augures predecía el futuro observando el vuelo de los pájaros, la forma de las nubes y los rayos.

En momentos de crisis se consultaban tres libros de profecías escritos por una sibila (adivina) y muy bien guardados y protegidos.

Los templos y el culto

Tanto griegos como romanos construyeron impresionantes templos para albergar a sus dioses. Todos los templos tenían una sala interior o santuario donde se encontraba la estatua de la deidad y en la que sólo podían entrar los sacerdotes. Las ceremonias se realizaban fuera del templo. Los fieles presentaban a los dioses ofrendas de animales que el sacerdote sacrificaba en un altar de piedra.

A lo largo del año se celebraban muchas festividades religiosas para complacer a los dioses y pedirles favores. En estas fiestas, además de los rituales religiosos con oraciones, sacrificios y procesiones, se celebraban competiciones deportivas, de poesía y de teatro.

En las religiones griega y romana también tenía importancia el culto familiar en el hogar. Había que rezar y hacer ofrendas a los dioses domésticos.

La vida de ultratumba

Los romanos tenían una idea bastante vaga de la vida en el más allá y casi todos pensaban que sería gris y aburrida. Los griegos creían que después de la muerte el alma iba al Hades, el reino de los muertos, donde había tres zonas.

Las almas muy virtuosas iban a los Campos Elíseos, un lugar lleno de sol, calor y alegría.

La mayoría de las personas iban a un lugar brumoso y gris llamado los Campos Asfódelos.

Los que habían sido malos eran arrojados al Tártaro, lugar en el que sufrirían un tormento eterno.

LINK DE INTERNET
• En **www.usborne-quicklinks.com/es** tienes un enlace a un sitio sobre las religiones del pasado, donde aprenderás más cosas sobre las religiones de Grecia y Roma.

El Partenón de Atenas era un templo dedicado a Atenea, la diosa griega de la sabiduría y la guerra, además de patrona de Atenas. Los romanos adoptaron este estilo de hileras de columnas en muchos de sus templos.

EL NORTE DE EUROPA

⊕ Las religiones de los pueblos celta, germánico y nórdico comenzaron en el norte de Europa. Las creencias se transmitían oralmente, de modo que gran parte de lo que sabemos de ellas proviene de los escritos de misioneros griegos, romanos y cristianos, que estaban en contra de estas religiones o que no las comprendían y que, por tanto, no las describieron con objetividad. Todavía existen creencias basadas en estas antiguas religiones.

Los antiguos celtas

Los celtas eran un pueblo guerrero que surgió al este de Europa en torno al año 1000 a.E.C. Hacia el siglo IV a.E.C. ocupaba gran parte de Europa, pero para el siglo I E.C. los romanos habían conquistado casi todos los territorios celtas.

Parece ser que existían unas 300 deidades celtas, aunque según los expertos muchas podrían ser variaciones locales del mismo dios. Lancelot, Lleu y Lug, por ejemplo, son probablemente aspectos de un mismo dios del Sol, que era la divinidad principal de todos los antiguos celtas.

Según los celtas, después de la muerte el alma iba al más allá, donde la vida proseguía igual que en este mundo. Cuando una persona moría en el más allá, su alma volvía a la Tierra con otro cuerpo humano. Por eso en cada nacimiento los celtas lloraban por la muerte de la persona en el otro mundo.

Pozos sagrados

Los pozos eran muy importantes para los celtas, porque creían que unían este mundo con el más allá. Pensaban que en el centro del otro mundo estaba el Pozo de la Sabiduría, que era la fuente de todos los pozos espirituales de la Tierra.

Muchos pozos se asociaban con las deidades y por tanto eran sagrados. La gente los visitaba y dejaba ofrendas, buscando sabiduría o la cura de alguna enfermedad. Las visitas a los pozos solían realizarse en mayo o en el solsticio de verano, porque se pensaba que en estas épocas se abrían las puertas del más allá.

La fotografía de la derecha muestra una cruz celta de piedra en Cornualles, Inglaterra. El cristianismo ganó muchos adeptos entre los celtas y absorbió algunas de sus creencias. Hay quien piensa que la cruz céltica (una cruz derecha o diagonal dentro de un círculo) puede ser una combinación de la cruz cristiana y otros símbolos celtas anteriores.

Los sacerdotes celtas

En la religión céltica existían tres grupos espirituales. El más importante era el de los druidas, sacerdotes que realizaban todos los rituales y establecían contacto con los dioses. Los vates eran filósofos que podían predecir el futuro, y los bardos eran historiadores, músicos, poetas y cantantes.

La celebración de las estaciones era parte importante de las religiones de los antiguos celtas. En esta foto aparecen druidas modernos celebrando la fiesta del solsticio de verano en Stonehenge, Inglaterra.

Los rituales célticos

Los druidas solían celebrar rituales en arboledas sagradas. Algunos, como las ceremonias de imposición de nombre tras los nacimientos, señalaban etapas de la vida, y otros, las estaciones. Los principales eran *Samhain* (1 de noviembre), *Imbolic* (1 de febrero), *Beltaine* (1 de mayo) y *Lughnasad* (1 de agosto). El año celta comenzaba con el *Samhain* y seguramente incluía un ritual en conmemoración de los muertos.

Se sabe por los escritos griegos y romanos que los rituales celtas incluían sacrificios humanos y que coleccionaban las cabezas de los muertos en las batallas. Según sus creencias, en la cabeza seguía viviendo el alma, aunque hubiera sido separada del cuerpo.

Los celtas creían que algunos dioses vivían en los ríos, las piedras y los árboles. Los druidas arrojaban objetos valiosos a los lagos sagrados, como regalo a los dioses.

Las religiones nórdicas

Los antiguos pueblos germánico y nórdico (establecidos en Escandinavia, Islandia y Rusia) florecieron entre el año 700 a.E.C. y el 1100 E.C., aproximadamente. Creían que los dioses influían en todos los aspectos de sus vidas, como la agricultura, la pesca y la guerra. Las vidas y aventuras de los dioses se contaban en historias llamadas sagas.

Según la leyenda nórdica, Odín, el rey de los dioses, montaba un caballo de ocho patas.

Uno de los dioses principales es Odín, llamado también Wotan y Woden, rey de todos los dioses y creador del mundo y los seres vivientes. Se le representa con un sólo ojo, ya que entregó el otro para poder beber del pozo de la sabiduría. Su esposa Frigg es la reina de las deidades y la diosa del amor y la muerte, protectora de la humanidad y, especialmente, de las mujeres y los niños.

El culto nórdico

Se sabe muy poco sobre el culto de la religión nórdica. Parece ser que erigían templos, pero como eran de madera nos han quedado muy pocos restos.

El universo nórdico

Según las creencias nórdicas el universo se creó en tres niveles, uno encima del otro. El tronco de un fresno, llamado el *Yggdrasil* (árbol del mundo) atravesaba los tres niveles.

En el nivel superior estaban los mundos de Asgard y Vanaheim, donde vivían los dioses.

En medio estaba Midgard, *el mundo de los hombres, y los mundos de los elfos, los gigantes y los enanos.*

En el nivel inferior estaba Muspellheim, *la tierra de fuego, y* Niflheim, *la helada tierra de los muertos.*

Niflheim era un lugar helado y oscuro gobernado por Hela, la reina de los muertos. Era el destino de los que morían de enfermedad o vejez, pero los que caían en la batalla eran guiados por las *valquirias* (unas mujeres guerreras) hasta *Valhalla*, el gran banquete de Odín en Asgard.

LINK DE INTERNET
• En **www.usborne-quicklinks.com/es** tienes un enlace al sitio de los celtas, donde aprenderás más sobre su cultura. Podrás ver fotografías de lugares sagrados y paisajes celtas o explorar las páginas dedicadas a los druidas.

AMÉRICA PRECOLOMBINA

En Centroamérica y Sudamérica se desarrollaron varias civilizaciones entre el 1000 a.E.C. y el 1500 E.C. Las más importantes fueron las de los mayas, los incas y los aztecas. Para estos pueblos, la religión era una fuerza muy poderosa que influía en todos los aspectos de la vida. Los españoles trajeron el cristianismo en el siglo XVI y los imperios precolombinos fueron destruidos por las guerras y las enfermedades que llevaron los invasores. Algunos pueblos todavía practican religiones basadas en las primitivas creencias.

Cuchillo ceremonial, con mango decorativo en forma de dios inc

Mapa de los imperios maya, inca y azteca

Imperio maya (c. 250-900 E.C.)

Imperio inca (c. 1200-1530)

Imperio azteca (c. 1325-1520)

Los incas

Los incas eran agricultores y su religión rendía culto al Sol, el dios Inti, que daba calor a sus cosechas. Otras importantes deidades eran Mamaquilla (la Luna), Pachacamac (el creador del universo) e Illapa (dios del trueno y la lluvia).

Su soberano era el Inca, que se declaraba hijo del Sol para reforzar su poder. Cuando moría el Inca, se le creía reclamado por el Sol y pasaba a ser adorado como un dios ancestral. Los antepasados eran muy importantes para los incas. Solían visitar las tumbas de sus muertos para pedir su ayuda.

Los lugares sagrados

Los lugares sagrados se llamaban *huacas*. Uno de ellos era el Templo del Sol en Cuzco, en cuyo interior había imágenes doradas del Sol, casi siempre con rostro humano. Las montañas eran *huacas* importantes porque permitían acercarse a Inti. Se cree que los incas hacían sacrificios, generalmente de animales, en las cimas de las montañas para complacer a los dioses y pedir lluvia, protección y buenas cosechas. Recientemente se han excavado en varias montañas restos congelados de niños incas que fueron sacrificados como mensajeros entre los incas e Inti.

En Perú todavía hay quien sigue la religión de los incas. Esta mujer hace una ofrenda en una moderna celebración de Inti Raymi, la fiesta del Sol, en Cuzco, Perú.

114

Los mayas y los aztecas

La civilización maya alcanzó su apogeo entre el 300 y el 900 E.C. Los mayas vivían en pequeños reinos gobernados por poderosos reyes que eran a la vez sacerdotes y guerreros.

Los aztecas eran un pueblo nómada que se asentó y erigió una aldea en una isla del lago Texcoco alrededor del año 1200. Esta aldea, llamada Tenochtitlan, se convertiría en la capital del imperio azteca.

Tanto mayas como aztecas construían templos en honor de Quetzalcoatl, la serpiente emplumada que era el dios del conocimiento. Los mayas le atribuían también la invención del calendario, y los aztecas creían que un día aparecería para decidir su destino.

Ambos pueblos erigían sus templos en la parte superior de enormes pirámides. Los templos eran el centro del culto religioso y en ellos se celebraban los sacrificios.

Los mayas solían enterrar a sus reyes bajo los templos, en pirámides como éstas.

Esta máscara de mosaico de turquesas representa a Quetzalcoatl, el dios serpiente de los aztecas.

Las creencias mayas

Uno de los dioses mayas más importantes era Ahaw Kin, el dios del Sol. Se creía que, cuando el Sol desaparecía al anochecer, descendía al bajo mundo y se convertía en el dios jaguar. Los jaguares eran muy importantes para los mayas, que los consideraban los reyes de la selva. Los gobernadores mayas solían llevar pieles de jaguar como símbolo de su poder.

Estatuilla de una reina maya ofreciendo sangre

Los reyes y reinas mayas realizaban ceremonias religiosas en las que vertían su propia sangre como ofrenda a los dioses. Al morir se los enterraba bajo los templos, a menudo con máscaras del rostro de Ahaw Kin, y a partir de entonces los súbditos los rezaban como si fueran dioses.

Las creencias aztecas

Los aztecas daban gran importancia al Sol. Su dios más importante, Huitzilopochtli, representaba el Sol y la guerra. Todos los años se declaraba una guerra especial contra las tribus vecinas, la Guerra de las Flores, en la que se capturaban víctimas para sacrificar a Huitzilopochtli.

Segun las creencias aztecas, el mundo había presenciado la destrucción de cuatro soles. Se ofrecían sacrificios humanos a Huitzilopochtli para mantener la fuerza y la energía del Sol y evitar que volviera a desaparecer.

Lo más valioso que se podía ofrecer era el corazón, por lo tanto, los sacerdotes aztecas se lo arrancaban a los prisioneros de guerra y se lo ofrecían en sacrificio a Huitzilopochtli. El *Códice Magliabecchiano*, un manuscrito mexicano del siglo XVI, muestra a los sacerdotes haciendo los sacrificios.

El juego de pelota

En las ciudades mayas y aztecas existían canchas en las que se practicaba un rápido juego de pelota de origen religioso, que representaba la batalla entre la vida y la muerte. Es posible que al final del partido algunos de los jugadores fueran sacrificados.

┌─ LINKS DE INTERNET ─

• En **www.usborne-quicklinks.com/es** hay un enlace a una página sobre los mayas. Haz clic en 'periodo clásico' para leer sobre el juego de pelota.

• En **www.usborne-quicklinks.com/es** hay otro enlace a un sitio sobre los incas con una galería de imágenes.

RELIGIÓN Y SOCIEDAD

La religión ha sido una fuerza muy poderosa en el desarrollo de distintas culturas, y en muchos lugares sigue teniendo una gran influencia. Hay quien sostiene que la religión ha sido una mala influencia porque, entre otras cosas, ha provocado guerras. Otros argumentan que la causa del mal no han sido las ideas en sí, sino su mala interpretación y su mal uso. Algunos problemas que parecen religiosos son en realidad políticos o de racismo.

A finales del siglo XIX Mohandas Gandhi dedicó su vida a mejorar la sociedad de la India. Fiel a la regla hindú de no violencia, defendió pacíficamente ideales como la igualdad racial. Sus seguidores le dieron el nombre de Mahatma, que significa 'alma grande'.

La grandeza del hombre depende exactamente de sus esfuerzos por el bienestar de sus hermanos.

La no violencia es la fuerza más grande de que dispone la humanidad. Es más poderosa que el arma destructiva más potente que pueda diseñar el hombre.
Mahatma Ghandhi

La religión y el estado

Antiguamente, las religiones determinaban la estructura de la sociedad y las personas que eran consideradas más importantes espiritualmente gozaban de gran poder. Existieron monarcas en Europa que gobernaron por derecho divino, es decir, se les consideraba representantes de Dios en la Tierra. En Japón ha existido la creencia de que los emperadores eran descendientes de la diosa Amaterasu y el culto al emperador se mantuvo hasta el año 1946.

Países como Irán, siguen siendo gobernados por líderes religiosos y muchas naciones tienen una religión oficial que influye en diversos aspectos de la vida a través de las leyes y la educación.

El poder

Los líderes religiosos, como cualquier otro dirigente, han abusado a veces de su poder. Cuando un líder sostiene ser el representante de Dios, la gente tiene miedo a desafiarlo. A veces se ha obligado al pueblo a obedecer por temor a lo que pudiera pasar después de la muerte.

En la Edad Media, por ejemplo, algunos sacerdotes de la Iglesia católica abusaron de su poder, prometiendo a los fieles un lugar en el cielo a cambio de dinero y asegurando que los que no obedecieran o compraran el perdón arderían para siempre en el infierno. En el cristianismo y el islamismo el mal suele representarse en la forma del diablo o Satanás, que puede hacer daño a los hombres y apartarlos de Dios.

Las sociedades benéficas cristianas enseñan nuevos oficios, para que las gentes a las que ayudan puedan vivir mejor. En la foto se ve cómo construyen un pozo en una aldea de Camboya.

Obras de caridad

Aunque el poder religioso se ha utilizado mal en ocasiones, la religión ha inspirado también a muchas personas a crear un mundo mejor. Algunas organizaciones benéficas tienen un origen religioso, como Ayuda Cristiana y Ayuda Islámica. Las organizaciones benéficas religiosas pueden trabajar a veces en países en guerra y en lugares que no admiten a otros organismos.

Hay personas religiosas que han realizado muchas obras benéficas porque sienten el deber de ayudar a los necesitados. Los musulmanes, por ejemplo, consideran que la caridad es una forma de adorar a Dios, y todo el que se lo pueda permitir tiene que dar todos los años un porcentaje de sus ganancias a los pobres.

LINK DE INTERNET
• En **www.usborne-quicklinks.com/es** tienes un enlace a una página con la biografía del pacifista indio Mahatma Gandhi, asesinado en 1948.

Estas personas representan al diablo en una festividad cristiana en México. Las máscaras recuerdan lo horrible que sería quedar apartados de Dios.

117

La propagación de las religiones

Algunas religiones enseñan que hay que intentar convertir a los demás a sus creencias, ya sea predicando o con el ejemplo. Esto explica en parte por qué algunas religiones han crecido tan deprisa. El islamismo se extendió tanto a partir de su fundación en el siglo VII, que los seis siglos siguientes se conocieron como la edad dorada del Islam.

Los misioneros cristianos europeos comenzaron a trabajar intensamente en Sudamérica y Centroamérica en el siglo XVI, y en África y Asia en el XVIII. Aunque trabajaban como médicos y maestros, su principal objetivo era convertir a la gente al cristianismo.

En años más recientes ha crecido en Occidente el interés por las religiones orientales, como el budismo y el hinduismo, que llegaron a través de emigrantes orientales y de personas que habían visitado el Oriente.

En las guerras religiosas conocidas como las cruzadas, los ejércitos cristianos combatieron contra los musulmanes turcos por conquistar la ciudad santa de Jerusalén. En esta pintura del siglo XIV aparecen los cruzados cristianos en Jerusalén.

Las guerras religiosas

A menudo los gobernantes, llevados de sus ansias de poder político, han animado a su pueblo a ir a la guerra apelando a sus creencias religiosas.

Entre 1095 y 1290 E.C., varios ejércitos europeos cristianos partieron en una serie de peregrinaciones armadas que comenzaron en respuesta a un llamamiento del líder de la Iglesia católica.

Estos ejércitos se habían propuesto conquistar Palestina (ahora Israel), que estaba gobernada por musulmanes turcos y albergaba numerosos lugares sagrados islámicos. Los cristianos la llamaban Tierra Santa, porque allí nació Jesucristo. Dichas peregrinaciones armadas, llamadas cruzadas y también guerras santas, fueron motivadas tanto por el ansia de poder como por el celo religioso.

El pacifismo

El pacifismo es la idea de que las disputas deberían siempre resolverse sin violencia. Algunas religiones enseñan que la guerra no tiene justificación y que los fieles jamás deberían alzarse en armas por causa alguna. Los jainistas, varios grupos hindúes y budistas y grupos cristianos, como los cuáqueros y los testigos de Jehová, son conocidos por su pacifismo.

El matrimonio es muy importante en la Iglesia de la Unificación. Se celebran bodas masivas como la de la fotografía, que tuvo lugar en Seúl (Corea del Sur) en 1999. Las parejas las sugiere el líder de la iglesia, Sun Myung Moon.

Persecuciones

Durante las décadas de 1930 y 1940, muchos judíos de Europa fueron perseguidos y obligados a llevar la estrella de David.

Cuando los seguidores de una religión son pocos y no tienen mucho poder, sufren persecuciones. Puede que otros grupos quieran ridiculizar sus creencias, sin comprenderlas, e intenten culparlos por los problemas de la sociedad. Los gobernantes suelen aceptar esta actitud porque desvia la atención de sus propios fallos. Los prejuicios religiosos se combinan a veces con el racismo.

Cuando los judíos estaban dispersos por Europa en la Edad Media, fueron objeto de prejuicios. La persecución de los judíos llegó a su auge con el holocausto de la Segunda Guerra Mundial (ver página 27).

El separatismo

Muchas doctrinas prefieren mantenerse aisladas de otros grupos en ciertos aspectos. Por ejemplo, la mayoría de ellas fomenta el matrimonio entre miembros de la misma religión. Otros grupos prefieren vivir aislados en todo lo posible, para mantener intactas sus tradiciones, tal vez porque lo mandan ciertas reglas en sus escrituras o porque tienen miedo de sufrir persecución.

Los amish, por ejemplo, son un grupo de cristianos de Norteamérica que viven de manera sencilla de acuerdo con su interpretación de las escrituras. Siguen unas reglas estrictas y se agrupan en comunidades aisladas del resto de la sociedad. No toman parte en el gobierno de la nación y rechazan la tecnología moderna.

Nuevos movimientos

A los nuevos movimientos religiosos se les suele denominar sectas o cultos. Se define como secta al grupo que se separa de una religión establecida, mientras que un culto es un grupo que realiza ritos determinados de adoración.

Todas las grandes religiones comenzaron como sectas o cultos, pero estos términos tienen hoy en día un sentido peyorativo, porque mucha gente cree que algunos de los nuevos movimientos religiosos pueden perjudicar a sus miembros.

Hay psicólogos que piensan que estos grupos atraen sobre todo a personas infelices que no se han adaptado a la sociedad y que en una secta o culto se sienten integradas y con un propósito en la vida. A veces se apegan tanto al grupo que están dispuestas a hacer cualquier cosa que les pida el líder, como romper todo contacto con su familia y sus amigos.

La Iglesia de la Unificación es un nuevo movimiento religioso también conocido como la secta de Moon, por su líder Sun Myung Moon.

LINK DE INTERNET

• En www.usborne-quicklinks.com/es encontrarás el enlace a una página con más información sobre las cruzadas.

La arquitectura

Casi todas las religiones cuentan con edificios especiales para la celebración del culto. Suelen ser dignos y bellos, tanto por respeto a la fe, como con el fin de inspirar admiración y espiritualidad en los fieles. A menudo, las comunidades contribuyen con dinero al coste de los materiales y hasta ayudan a construirlo. El edificio se convierte en un punto focal de la ciudad o pueblo.

Los templos e iglesias erigidos en épocas pasadas, son de una gran complejidad arquitectónica. La ingeniería empleada es impresionante, si tenemos en cuenta que los constructores no tenían a su alcance la tecnología que existe hoy.

Los cristianos han erigido magníficas iglesias para glorificar a Dios. Los artesanos que tallaron estos chapiteles de la catedral de Santa Eulalia, en Barcelona, prestaron mucha atención a todos los detalles a pesar de que están tan altos que desde abajo apenas se ven.

La educación

Casi todas las religiones dan mucha importancia a la educación y consideraban un deber fomentarla. En otros tiempos, se enseñaba a la gente a leer y a escribir para que pudieran estudiar las escrituras.

Las autoridades religiosas también han intentado a veces prohibir la divulgación del saber para evitar que se debilite la fe de los fieles. Cuando el astrónomo Galileo dio a conocer en el siglo XVII la teoría de que la Tierra gira alrededor del Sol, la Iglesia católica, que sostenía lo contrario, amenazó con torturarlo si no se desdecía públicamente.

La Iglesia cristiana en el siglo XVII temía que los fieles perdieran la fe al saber que la Tierra no era el centro del universo, como creían que decía la *Biblia*.

Sol

Tierra

Las mujeres

A lo largo de la historia muchas religiones no han considerado que la mujer fuera igual al hombre y no han permitido que tomara parte en algunos aspectos de la vida religiosa. La razón suele ser que las mujeres no tenían una posición igual a la del hombre en las sociedades en que se desarrollaron esas religiones.

Las ramas conservadoras de algunas doctrinas se resisten al cambio porque creen que ciertas tradiciones fueron establecida por Dios, pero algunas organizaciones religiosas han modificado sus reglas para que las mujeres puedan participar en su estructura oficial. Los grupos judíos progresistas, por ejemplo, permiten que las mujeres dirijan el culto.

El arte religioso

Muchas ideas religiosas son difíciles de expresar con palabras. Los creyentes siempre se han servido del arte para plasmar tanto las ideas religiosas como los sentimientos que inspiran.

Muy a menudo se ha empleado el arte para inspirar la fe religiosa. Antes de que la gente tuviera educación y supiera leer, la forma de enseñar las creencias más importantes de una religión era mediante pinturas y esculturas.

Algunas obras de arte religiosas se consideran sagradas. Por ejemplo, se cree que las estatuas o *murtis* de los dioses hindúes albergan la presencia del dios al que representan.

Los monjes solían realizar elaboradas ilustraciones de historias cristianas. Este manuscrito iluminado del siglo XI muestra escenas del nacimiento de Jesús.

LINK DE INTERNET
• En **www.usborne-quicklinks.com/es** encontrarás el enlace a una página sobre pintura religiosa, con textos e imágenes.

Música y danza

Muchas religiones enseñan que para rendir culto a sus deidades no sólo hay que poner el alma, sino también el cuerpo. Por esta razón se ha compuesto música religiosa y se han desarrollado danzas especiales.

Esta bailarina balinesa interpreta el *Ramayana*, una antigua danza hindú. Las danzas hindúes cuentan historias de los dioses mediante gestos llamados *mudras*, cada uno de los cuales expresa una idea.

La música ayuda a crear un ambiente donde pueden sentirse y expresarse emociones, como admiración o alegría, y tanto la música como la danza se emplean para contar historias. Mediante la repetición de sonidos o movimientos rítmicos es posible también entrar en un estado de trance o de meditación.

También existen religiones que desaprueban la música y la danza, porque estas actividades se consideran placeres físicos que distraen a los fieles de otros aspectos más espirituales de la vida.

MAPA DE LAS RELIGIONES

Este mapa muestra las principales religiones en distintas partes del mundo. La religión principal es la que posee una clara mayoría de seguidores en una población (en la página 5 se explica cómo se cuentan los creyentes de una religión), aunque no tiene por qué ser la religión oficial.

Las rayas indican que en la zona hay dos o más religiones principales, cada una con un número similar de seguidores. En Mongolia, por ejemplo, la población está dividida entre el budismo mahayana, las religiones locales y el ateísmo de estado, como muestran las rayas doradas, rosadas y moradas.

Además de las religiones que figuran en un país determinado, es posible que haya otras creencias. En la India, por ejemplo, aunque la mayoría de la población es hindú, también existen otras religiones. La influencia de las religiones locales suele ser mayor de lo que indican las estadísticas, sobre todo en África y Sudamérica.

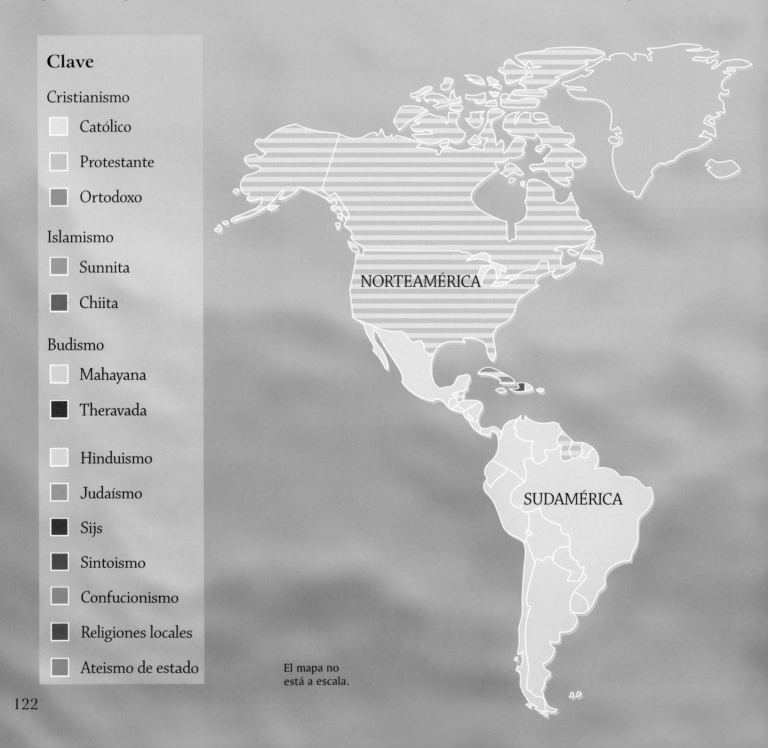

Clave

Cristianismo

- Católico
- Protestante
- Ortodoxo

Islamismo

- Sunnita
- Chiita

Budismo

- Mahayana
- Theravada

- Hinduismo
- Judaísmo
- Sijs
- Sintoismo
- Confucionismo
- Religiones locales
- Ateismo de estado

NORTEAMÉRICA

SUDAMÉRICA

El mapa no está a escala.

Las religiones no están confinadas a las áreas que se muestran en el mapa. Por ejemplo, Israel es el único país que tiene como religión principal el judaísmo, pero sólo una cuarta parte de los judíos vive en Israel. Casi la mitad de ellos se encuentran en EEUU y el resto está diseminado por el mundo.

Como el índice de población varía mucho según la parte del mundo, la gran expansión de una religión en el mapa no siempre equivale a un gran número de fieles. Las áreas de baja población incluyen las del borde superior del mapa, el norte y el centro de Australia y el desierto del Sahara en el norte de África.

LINKS DE INTERNET

• En **www.usborne-quicklinks.com/es** hay un enlace a una página de Icarito con el mapa de las religiones del mundo en la actualidad.

• En **www.usborne-quicklinks.com/es** encontrarás un enlace a un sitio dedicado a todas las religiones del mundo. Puedes seleccionar el nombre de una religión: budismo, santería, cristianismo, etc. y leer la descripción correspondiente.

EUROPA

ASIA

ÁFRICA

AUSTRALIA

CRONOLOGÍA

Esta cronología te servirá de ayuda para situar en el tiempo las principales religiones del mundo, aunque muchas de las fechas son aproximadas. Los colores que se apagan a la izquierda indican que se desconoce con exactitud el momento de su aparición. La derecha del diagrama muestra el presente.

Las religiones locales son antiquísimas pero la fecha de su aparición no figura en la cronología. Hay pruebas de la existencia de creencias que se remontan a 35.000 a.E.C.

Se indican con bandas moradas las religiones desaparecidas por completo. Algunas de ellas, la banda de la religión céltica, por ejemplo, se van desvaneciendo pero llegan hasta el presente. Esto significa que todavía hay gente con creencias basadas en esa religión.

Podrás observar que las religiones que más o menos han desaparecido no son siempre muy antiguas. Por ejemplo, las religiones inca y azteca eran relativamente recientes, aunque incluían muchas creencias de pueblos más antiguos.

En la parte superior de ambas páginas figuran breves notas acompañadas de fechas, que describen los sucesos clave en la historia de las religiones. El color de cada cuadro indica que el dato es significativo para una religión determinada.

c.3500 a.E.C. Se desarrolla la escritura en Mesopotamia.

c.3000 a.E.C. Se unifica el imperio egipcio.

c.1750 a.E.C
Los arios
entran en el
valle del Ind

4000 a.E.C.   3500 a.E.C   3000 a.E.C.   2500 a.E.C.   2000 a.E.C.   1500 a.E.

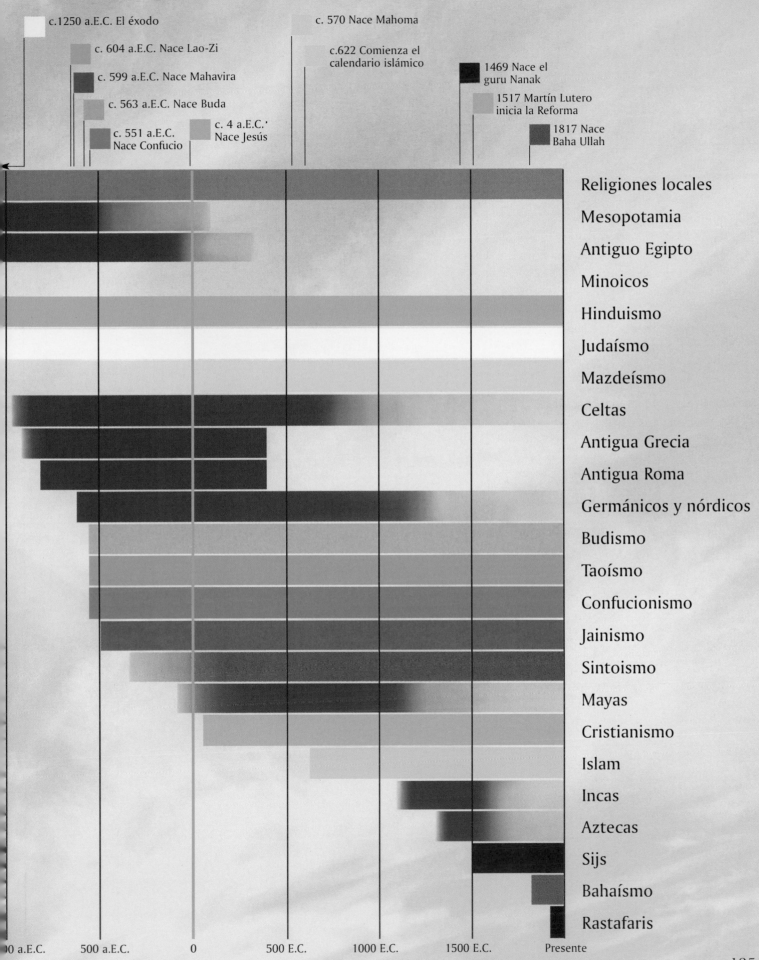

c.1250 a.E.C. El éxodo

c. 570 Nace Mahoma

c. 604 a.E.C. Nace Lao-Zi

c.622 Comienza el calendario islámico

c. 599 a.E.C. Nace Mahavira

1469 Nace el guru Nanak

c. 563 a.E.C. Nace Buda

1517 Martín Lutero inicia la Reforma

c. 551 a.E.C. Nace Confucio

c. 4 a.E.C. Nace Jesús

1817 Nace Baha Ullah

Religiones locales

Mesopotamia

Antiguo Egipto

Minoicos

Hinduismo

Judaísmo

Mazdeísmo

Celtas

Antigua Grecia

Antigua Roma

Germánicos y nórdicos

Budismo

Taoísmo

Confucionismo

Jainismo

Sintoismo

Mayas

Cristianismo

Islam

Incas

Aztecas

Sijs

Bahaísmo

Rastafaris

0 a.E.C.   500 a.E.C.   0   500 E.C.   1000 E.C.   1500 E.C.   Presente

AGRADECIMIENTOS

Se han adoptado las medidas oportunas para establecer la propiedad del copyright. Los editores están dispuestos a subsanar cualquier omisión involuntaria. La editorial agradece el permiso de reproducción a las siguientes personas y entidades:

Procedencia de las fotografías

(s = superior, c = centro, i = inferior, z = izquierda, d = derecha)

Portada (z) ©Jeremy Horner/Hutchison Picture Library, (d) ©Shai Ginott/CORBIS; **guardas** ©Angelo Hornak/CORBIS; **p1** ©Lindsay Hebberd/CORBIS; **p2** ©Kevin R Morris/CORBIS; **p6** ©Christine Osborne/CORBIS; **p7** (i) ©Dennis Degnan/CORBIS; **pp8-9** (i) DigitalImagery ©copyright 2001 PhotoDisc, Inc; **p9** (s) ©Patrick Ward/CORBIS; (z) Digital Imagery ©copyright 2001 PhotoDisc Inc; **p10** ©Stephanie Colasanti/CORBIS; **p11** (sd)<CRDPHOTO>/CORBIS, (z) ©Digital Vision; **p12** ©Chloe Johnson; Eye Ubiquitous/CORBIS; **p13** (i) ©Archivo Iconografico, S.A./CORBIS; **pp14-15** ©Bennett Dean; Eye Ubiquitous/CORBIS; **pp16-17** ©Angelo Hornak/CORBIS; **pp18-19** (principal) ©Archivo Iconografico, S.A.; **p18** ©David Samuel Robbins/CORBIS; **p20** ©David Samuel Robbins/CORBIS; **p21** ©Brian Vikander/CORBIS; **p22** ©Albrecht G. Shaefer/CORBIS; **p23** ©Lindsay Hebberd/CORBIS; **p24** ©Ted Spiegel/CORBIS; **p25** (id) ©Gianni Dagli Orti/CORBIS; **p27** ©Richard T. Nowitz/CORBIS; **pp28-29** ©Richard T. Nowitz/CORBIS; **p29** (tz) ©Ted Spiegel/CORBIS; **p30** (sc) ©TRIP/H Rogers, (i) ©Barry Lewis/CORBIS; **p31** ©David H. Wells/CORBIS; **p32** (s) ©Ted Spiegel/CORBIS, (iz)Digital Imagery ©copyright 2001 PhotoDisc, Inc; **p33** ©Owen Franken/CORBIS; **p34** ©Richard T.Nowitz/CORBIS; **p35** (s) ©Richard T.Nowitz/CORBIS, (id)Digital Imagery ©copyright 2001 PhotoDisc,Inc; **p36** ©Alison Wright/CORBIS; **p37** (s), (id) Digital Imagery ©copyright 2001 Photodisc, Inc; **pp38-39** ©Alison Wright/CORBIS; **p39** (s) Digital Imagery ©copyright 2001 Photodisc, Inc; **p40** (z) ©Craigh Lovell/CORBIS; **p41** ©Owen Franken/CORBIS; **pp42-43** (principal) ©Abbie Enock; Travel Ink/CORBIS; **p43** (s) ©Chris Lisle/CORBIS; **pp44-45** (principal) ©Wolfgang Kaehler/CORBIS; **p45** (sd) (cd) Digital Imagery ©copyright 2001 Photodisc, Inc; **p46** ©Earl & Nazima Kowall/CORBIS; **p47** ©David Samuel Robbins/CORBIS; **p48** ©David Lees/CORBIS; **p49** (s) ©Philadelphia Museum of Art/CORBIS; **p50** ©Archivo Iconográfico, S.A./CORBIS; **p51** (d) ©Karen Tweedy-HOlmes/CORBIS; **pp52-53** ©Dave Bartruff/CORBIS; **p53** (d) ©Jon Rogers; **p54** (sz) ©Archivo Inconográfico, S.A./CORBIS; **p55** (id) ©Bettmann/CORBIS; **p56** ©Patrick Ward/CORBIS; **p57** ©Joseph Sohm; ChromoSohm Inc./CORBIS; **p58** (z) ©Patrick Ward/CORBIS; **p59** ©Angelo Hornak/CORBIS; **p60** ©Morton Beebe, S.F./CORBIS; **p61** (s) Digital Imagery ©copyright 2001 PhotoDisc Inc; (c)(iz) ©Jon Rogers; **p62** (s) ©Owen Franken/CORBIS, (iz) Digital Imagery ©copyright 2001 Photodisc, Inc., (id) ©Jon Rogers; **p63** (principal) ©Charles & Josette Lenars/CORBIS, (d) Digital Imagery ©copyright 2001 Photodisc, Inc; **p64** (sd) ©Paul Almasy/CORBIS; (z) ©David Cumming; Eye Ubiquitous/CORBIS; **p65** ©Richard Hamilton Smith/CORBIS; **p66** ©Richard Cumming/CORBIS; **p67** ©Nick Wiseman; Eye Ubiquitous/CORBIS; **p68** ©Chris Lisle/CORBIS; **p69** (s) ©Michael Holford; **p70** (c) ©Jon Rogers, (i) ©TRIP/H. Rogers; **p71** ©Nik Wheeler/CORBIS; **pp72-73** ©Richard T. Nowitz/CORBIS; **p74** ©TRIP/H Rogers; **p75** (z)Digital Imagery ©copyright 2001 PhotoDisc, Inc., (d) ©Charles & Josette Lenars/CORBIS, (i)Jon Rogers; **p76** ©The Purcell Team/CORBIS; **p77** ©Sheldan Collins/CORBIS; **p78** ©Francoise de Mulder/CORBIS; **p79** ©Annie Griffiths Belt/CORBIS; **p80** ©Michael Freeman/CORBIS; **p81** (i) ©TRIP/H Rogers; **p82** ©TRIP/H Rogers; **p83** ©Gunter Marx/CORBIS/CORBIS; **pp84-85** ©Bennett Dean; Eye Ubiquitous/CORBIS; **p86** ©Chris Lisle/CORBIS; **p87** ©Hutchison Picture Library; **p88** (s) ©Earl & Nazima Kowall/CORBIS; **pp88-89** ©Chris Lisle/CORBIS; **pp90-91** ©Michael Freeman/CORBIS; **p92** ©Neil Beer/CORBIS; **p93** (s) ©Nathan Benn/CORBIS; **p94** ©Werner Forman Archive; **p95** ©Chris Lisle/CORBIS; **p97** (sd) Digital Imagery ©copyright 2001 PhotoDisc, Inc., (i) ©TRIP/P Kerry; **p98** ©Brian Vikander/CORBIS; **p99** ©Daniel Lainé/CORBIS; **p100** ©Studio Patellani/CORBIS; **p101** ©Lindsay Hebberd/CORBIS; **p102** (s) ©Penny Tweedie/CORBIS; (i) ©Paul A. Souders/CORBIS; **p103** ©Paul A. Souders/CORBIS; **p104** ©Layne Kennedy/CORBIS; **p105** ©TRIP/A Kuznetsov; **p106** (c) ©Morton Beebe, S.F./CORBIS; **pp106-107** ©Peter Reynolds; Frank Lane Picture Agency/CORBIS; **p107** ©David Lees/CORBIS; **p108** (i) ©Michael Nicholson/CORBIS; **pp108-109** ©Michael Holford; **p110** (s) ©Christel Gerstenberg/CORBIS; **p111** ©Charles O´Rear/CORBIS; **pp112-113** ©Michael Nicholson/CORBIS; **p113** ©Adam Woolfitt/CORBIS; **p114** ©Nevada Wier/CORBIS; **p115** (s) ©Michael Holford, (i) Digital Imagery ©copyright 2001 PhotoDisc, Inc; **p116** ©Bettmann/CORBIS; **p117** (s) ©Howard Davies/CORBIS; **pp118-119** ©Archivo Iconográfico, S.A./CORBIS; **p119** (s) ©Reuters Newmedia Inc./CORBIS; **p120** ©Mark L. Stephenson/CORBIS; (d) ©Digital Vision; **p121** (d) ©Dave Bartruff/CORBIS; (z) ©Sandro Vannini/CORBIS; **pp124-125** (fondo) ©Digital Vision.

Ilustraciones:

Nicholas Hewetson, Simone Boni, Ian Jackson, Radhi Parekh, Ross Watton

Nuestro agradecimiento a Sue Meredith